新时代
推进乡村全面振兴
专家系列谈

XINSHIDAI
TUIJIN XIANGCUN QUANMIAN ZHENXING
ZHUANJIA XILIE TAN

本书编写组　编

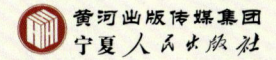

黄河出版传媒集团
宁夏人民出版社

图书在版编目（CIP）数据

新时代推进乡村全面振兴专家系列谈 / 本书编写组编. -- 银川：宁夏人民出版社，2024.3（2024.7 重印）
ISBN 978-7-227-08000-8

Ⅰ．①新… Ⅱ．①本… Ⅲ．①农村－社会主义建设－中国－文集 Ⅳ．① F320.3-53

中国国家版本馆 CIP 数据核字（2024）第 055988 号

新时代推进乡村全面振兴专家系列谈　　　　　　　本书编写组　编

项目监制　薛文斌
项目统筹　何志明
责任编辑　周方妍　刘　艺
责任校对　陈　晶
封面设计　姚欣迪
责任印制　侯　俊

黄河出版传媒集团
宁夏人民出版社　出版发行

出 版 人　薛文斌
地　　址　宁夏银川市北京东路 139 号出版大厦（750001）
网　　址　http://www.yrpubm.com
网上书店　http://www.hh-book.com
电子信箱　nxrmcbs@126.com
邮购电话　0951-5052104　5052106
经　　销　全国新华书店
印刷装订　宁夏凤鸣彩印广告有限公司
印刷委托书号　（宁）0029948

开本　710 mm×1000 mm　1/16
印张　11.5
字数　125 千字
版次　2024 年 3 月第 1 版
印次　2024 年 7 月第 2 次印刷
书号　ISBN 978-7-227-08000-8
定价　39.00 元

版权所有　侵权必究

出版前言

民族要复兴，乡村必振兴。习近平总书记强调："我们要坚持用大历史观来看待农业、农村、农民问题，只有深刻理解了'三农'问题，才能更好理解我们这个党、这个国家、这个民族。""推进中国式现代化，必须坚持不懈夯实农业基础，推进乡村全面振兴。"

强国必先强农，农强方能国强。党的十八大以来的12个指导"三农"工作的中央一号文件，贯彻落实并鲜明地体现了习近平总书记关于"三农"工作重要指示精神。2024年中央一号文件强调，要坚持和加强党对"三农"工作的全面领导，锚定建设农业强国目标，以学习运用"千万工程"经验为引领，以确保国家粮食安全、确保不发生规模性返贫为底线，以提升乡村产业发展水平、提升乡村建设水平、提升乡村治理水平为重点……文件对做好2024年及今后一个时期"三农"工作明确了重点、画出了清晰的"路线图"，确保打好乡村全面振兴漂亮仗，以加快农业农村现代化更好推进中国式现代化建设。

为了深入学习领会、贯彻落实习近平总书记关于"三农"

工作的重要论述，扎实推动2024年中央一号文件落地见效，主动发挥出版工作宣传思想文化主阵地作用，黄河出版传媒集团宁夏人民出版社从《光明日报》《红旗文稿》等报刊已经发表的关于乡村全面振兴的相关文章中精选了18篇，结集成书，公开出版。这些文章主要从产业振兴、人才振兴、文化振兴、生态振兴、组织振兴和城乡融合发展等方面梳理和阐释乡村全面振兴，积极研究和推进乡村全面振兴的理论创新和实践创新。

对于近两三年发表的文章，我们依据中央关于"三农"工作的最新论述提出了修改建议，联系作者进行了适当修改。在此，对于给予本书出版以支持的各单位和作者表示诚挚的感谢。

本书的出版将对广大党员干部，三农工作者尤其是驻村第一书记深入学习贯彻习近平总书记关于"三农"工作的重要论述，坚持以人民为中心的发展思想，完整、准确、全面贯彻新发展理念，有力有效落实好中央经济工作会议、中央农村工作会议精神有所助益，对于推进乡村全面振兴，夯实农业基础，加快农业农村现代化建设有积极意义。

目 录

以党的创新理论为引领　加快推进农业农村现代化
　　邓小刚　　农业农村部党组成员、副部长……………………1

以农业科技自立自强支撑引领农业强国建设
　　吴孔明　　农业农村部党组成员、中国农业科学院院长、
　　　　　　　中国工程院院士……………………………………18

全面推进乡村振兴是新时代建设农业强国的重要任务
　　黄承伟　　农业农村部中国乡村振兴发展中心主任、研究员……30

有力有效推进乡村全面振兴的行动指南
　　黄承伟　　农业农村部中国乡村振兴发展中心主任、研究员……41

着眼国家重大战略　接续全面推进乡村振兴
　　韩　杨　　国务院发展研究中心农村经济研究部研究室主任、
　　　　　　　研究员……………………………………………52

扎实推进宜居宜业和美乡村建设
  杨春华 农业农村部农村经济研究中心副主任……63

守好"三农"基本盘 全面推进乡村振兴
  郑有贵 中国社会科学院当代中国研究所经济史研究室主任、
      研究员……73

扎实推动乡村组织振兴
  郑有贵 中国社会科学院当代中国研究所经济史研究室主任、
      研究员……84

全方位夯实粮食安全根基
  刘晓春 中国社会科学院民族学与人类学研究所研究员
  李成贵 北京市农林科学院院长……93

农业农村现代化是建设农业强国的根基
  刘长全 中国社会科学院农村发展研究所研究员……103

统筹新型城镇化和乡村全面振兴
  赵振华 中央党校(国家行政学院)经济学教研部主任、
      教授……114

有力有效推进乡村全面振兴
  曹 立 中央党校(国家行政学院)习近平新时代中国特色社会
      主义思想研究中心研究员、经济学部副主任……121

扎实推进农民农村共同富裕
张　晖　中国农业大学马克思主义学院院长、教授............ 130

为乡村振兴提供强大的人才队伍支撑
潘春玲　北京市习近平新时代中国特色社会主义思想研究中心特约研究员、中国农业大学马克思主义学院副教授............ 138

贯彻落实好新时代党的"三农"政策
孔祥智　中国人民大学农业与农村发展学院教授............ 142

发展乡村特色产业　全面推进乡村振兴
张立畅　吉林财经大学马克思主义学院副院长............ 150

"三农"工作重心的历史性转移
成长春　江苏省中国特色社会主义理论体系研究中心南通大学基地主任、江苏长江经济带研究院院长、江苏乡村振兴智库研究院首任院长............ 160

探索乡村文旅深度融合发展路径
李建军　贵州大学贵州基层社会治理创新高端智库首席专家、教授............ 171

以党的创新理论为引领
加快推进农业农村现代化

邓小刚

农业农村部党组成员、副部长

党的二十大报告提出"六个必须坚持",这是对习近平新时代中国特色社会主义思想立场观点方法的高度概括,深刻阐明了党的创新理论的精髓要义和精神实质。我们要站在坚定拥护"两个确立"、坚决做到"两个维护"的政治高度,牢牢把握党的创新理论是推进农业农村现代化的强大思想武器和行动指南这一根本,以高度的思想自觉、政治自觉、行动自觉,不折不扣将其完整、准确、全面贯彻体现到农业农村现代化各领域全过程,确保"三农"工作始终沿着正确的方向和道路前进,以加快农业农村现代化更好推进中国式现代化建设。

一、坚持人民至上的价值取向,在农业农村现代化进程中促进农民农村共同富裕

习近平总书记强调:"全党同志都要坚持人民立场、人民至上,坚持不懈为群众办实事做好事,始终保持同人民群众的血肉联系。"把人民至上摆在"六个必须坚持"的首位,深刻体现了党以人民为中心的发展思想,充分彰显了习近平总书记深厚的为民情怀。在实践中,我们一定要坚决贯彻以人民为中心的发展思想,牢牢植根于人民、紧紧依靠人民、不断造福人民。

始终把维护好农民群众根本利益作为"三农"工作的出发点和落脚点，尊重农民主体地位和首创精神，不断增强农民群众的获得感、幸福感、安全感。

农业是近2亿人就业的产业，农村是近5亿农民常住的家园。加快农业农村现代化，出发点和落脚点是让广大农民生活越过越好。2023年，农村居民人均可支配收入达21691元，近十年来年均增长9%，超过城镇居民人均可支配收入年均增速和GDP年均增速，保持了"两个高于"。城乡居民人均可支配收入比由2012年的2.88∶1降至2023年的2.39∶1，创近十年新低。但也应看到，城乡居民收入绝对差距仍在扩大，从2012年的15737元扩大到2023年的30130元。未来一个时期，农民增收还将面临新的挑战，持续缩小城乡收入差距任务仍然艰巨。一是经营增收潜力有待挖掘。农资价格、人工成本等抬升较快，农产品价格增幅慢于成本涨幅，农民经营增收稳中有忧。二是产业带农增收能力有待增强。乡村产业规模依然较小，产业链条较短，乡村休闲旅游文化等资源利用不充分，联农带农机制还不健全，农民尚未充分分享产业链增值收益。三是外出务工就业渠道有待拓宽。受部分行业下行影响，建筑、家居、服装等劳动密集型产业发展放缓，加之自动化设备、人工智能等对劳动力替代增多，将来一个时期农民务工就业增收空间呈受限趋势。

推进农业农村现代化，一个重要任务就是不断促进农民增收致富，让广大农民共享现代化成果。一是巩固提升产能增效增收。坚持把提升农业综合生产能力放在更加突出的位置，促进农业增产和农民增收齐头并进。要围绕保障粮食和重要农产品稳定安全供给这一"国之大者"，着力落实藏粮于地、藏粮于技战略，突出抓好耕地和种子"两个要害"，让有限的耕地产出更多的粮食、产生更多的收益，让农业劳动生产率能更持续地提升。大力发展农业社会化服务，提升生产机械化水平，降低生产成本，提高经营效率。要加快完善价格、补贴、保险"三位一体"的政策体系，健全农资保供稳价应对机制，尤其要加大对粮食生产直接扶持力度，让农民务农种粮有钱赚、多得利，既稳价保供又增收致富。二是推进产业融合提效增收。坚持落实"土特产"要求，立足农业农村资源禀赋，拓展农业多种功能、挖掘乡村多元价值，务实有效培育乡村产业，推进农产品加工业多元增值发展，建设高效顺畅农产品流通体系，加快促进农业与旅游、教育、文化、康养等产业深度融合，开发具有鲜明地域特点、民族特色、乡土特征的产品产业。大力培育带动效应明显的农业产业化龙头企业，推进家庭农场、农民合作社等新型农业经营主体提质强能，完善联农带农机制，把产业链主体留在县域、产业增值收益更多留给农民。三是增加务工就业机会拓岗增收。强化就业优先导向，支持涉农高校、企业等办好高质量职业技能培训，探索建立区域劳务协作平台，加强就业服务和信息对接，千方百计提高农民就业能力，尽最大可能拓宽农民外出务工就业渠道。尤其是统筹推进县域经济发展和乡村建设，通过促进投资兴业、加强项目建设等，多途径吸纳在乡农民就地就近就业。四是拓展财产权益赋能增收。积极稳妥深化农村承包地"三权"分置改革，探索农村宅基地所有权、资格权、使用权分置有效实现形式，完善农村经营性建设用地入市增值收益分配机制，加快发展新型农村集体经济，激活农村资源要素，赋予农民更加充分的财产权益。五是强化政策扶持共享增收。坚持把农业农村作为一般公共预算优先保障领域，完善新时期农业支持保护制度，稳步提高土地出让收益用于农业农村比例，鼓励引导各类金融机构加大对农业领域的支持力度。织密扎牢社会保障网，健全分层分类的社会救助体系，完善对低保边缘家庭和支出型困难家庭的救助措施，提高临时救助制度可及性和时效性。加快建立健全农村低收入人口和欠发达地区常态化帮扶机制和政策体系，巩固拓展脱贫攻坚成果，提高产业和就业帮扶实效，聚焦用发展的办法增强脱贫地区和欠发达地区内生动力，帮助促进脱贫群众持续稳定增收。

二、坚持自信自立的精神力量，坚定走中国特色农业农村现代化道路

习近平总书记指出："中国的问题必须从中国基本国情出发，由中国人自己来解答。""任何时候任何情况下都要坚定中国特色社会主义道路自信、理论自信、制度自信、文化自信。"这深刻彰显了习近平新时代中国特色社会主义思想的理论品格和鲜明特质,具有深邃的历史底蕴、实践基础和文化根基,是党百年奋斗得出来的历史结论,是党和人民事业不断从胜利走向胜利的根本所在。

我国是拥有14亿多人口的大国,"大国小农"是我国的基本国情农情。即使将来我国城镇化率达到70%以上,仍有4亿多农民。人均一亩三分地、户均不过十亩田的小农生产方式,将是我国农业发展需要长期面对的现实。必须立足我国基本国情农情和阶段性发展特征,保持战略清醒、战略自信、战略主动,不能照搬美国、加拿大、澳大利亚等国家的大规模经营模式,也不能采取日本、韩国等靠高补贴维持小规模农户高收入的做法,要坚定走中国特色农业农村现代化道路,促进农业全面升级、农村全面进步、农民全面发展。

推进农业农村现代化,一定要坚持走中国式现代化道路。一是保障国家粮食安全前提下的现代化。我国人口规模超大、粮食需求总量超多。不论现代化到了什么程度,解决好14亿多人口吃饭问题都是首要任务。要立足国内解决中国人的吃饭问题,毫不放松抓好粮食等重要农产品稳定安全供给,坚持产量产能一起抓、数量质量一起抓、生产生态一起抓,从地、技、利、义全环节入手,着力推动高标准农田设施保障、高水平科技装备支撑,建立健全高效的社会化服务、高端的加工流通链条、配套的市场调控体系、多元的食物供给体系、完备的政策体系、严格督促考核的责任体系，全方位夯实粮食安全根基，全面增强农业产业链供应链韧性和稳定性，把粮食安全的根基打得更牢更实，把中国人的饭碗端得更稳更放心更安心。二是小农户家庭经营为主要经营方式的现代化。我国现有2.3亿农户，占农业经营主体的98%以上。把亿万小农户引入现代化发展轨道，是我国农业农村现代化的必然要求。要巩固和完善农村基本经营制度，在保持土地承包关系长期稳定的基础上，通过土地流转、生产托管、代耕代种等多种形式来提升家庭经营集约化水平。引导发展新型农业经营主体，健全农业专业化社会化服务体系，形成中国特色的农业适度规模经营，引领促进小农户与现代农业发展有机衔接。三是赓续传承优秀农耕文化的现代化。我国农耕文化源远流长、绵延不断，是我国农业的宝贵财富，其中蕴含的耕读传家、天人合一、种养结合、节用物力等理念，是中华优秀传统文化的重要组成部分。要坚持物质文明和精神文明一起抓，把保护传承和开发利用农耕文化有机结合起来，赋予农耕文明新的时代内涵，挖掘乡村特色文化资源，传承弘扬文化基因、美好品德，促进农耕文明和城市文明交相辉映，共同塑造中华民族现代文明。四是农业农村绿色低碳可持续发展的现代化。我国水土资源相对匮乏，人均耕地面积不足世界平均水平的1/2，人均水资源量仅为世界平均水平的1/4。这决定了我国推进农业农村现代化，必须牢固树立绿水青山就是金山银山理念，坚持产业兴农、质量兴农、绿色兴农，发展资源节约型、环境友好型农业，加强农村生态文明建设，推动农业生产、农村建设、乡村生活生态良性循环，让宜居宜业的生态农业、低碳乡村成为美好家园。五是全要素全产业链全覆盖的现代化。农业农村农民问题是一个不可分割的整体，农业现代化和农村现代化也密不可分，要一并推进农业现代化和农村现代化，实现乡村由表及里、形神兼备的全面提升。树立大农业观、大食物观，农林牧渔并举，深度融合科技、人才、资金、大数据等各类先进生产要素，推动农业种养、加工、流通等全环节一体发展，全力提升全产业链价值，把农业建成现代化大产业。坚持分类指导，统筹推进东、中、西部地区各具特色的农业农村现代化，协同建设人居环境、基础设施等硬件和农村文化、公共服务等软件，全面推进乡村产业、人才、文化、生态、组织振兴。六是比肩世界农业强国的现代化。国外现代化农业强国普遍具有供给保障能力较强、科技装备条件完善、产业体系健全等共同特征。我们要锚定建设农业强国目标，有力有效推进乡村全面振兴，让我国农业农村发展水平与其他农业强国大体相当，并在一些重要领域处于领先地位，为世界农业农村发展贡献中国智慧。

三、坚持守正创新的原则路径，不断开创农业农村现代化新局面

习近平总书记在党的二十大报告中指出："我们从事的是前无古人的伟大事业，守正才能不迷失方向、不犯颠覆性错误，创新才能把握时代、引领时代。"这充分展现了习近平总书记坚持先立后破、立破并举、推进各方面改革创新的巨大勇气和魄力。要把握好"变"与"不变"、集成与发展、原则性与创造性的关系，把准方向、勇于探索，在守正中创新、在创新中发展。

守正，就是要坚守真理、坚守正道，守住底线红线，不犯方向性、颠覆性错误。推进农业农村现代化，要坚持党的农村工作基本立场、基本原则、基本方法，准确把握好主要路径和政策取向，确保新时代农业农村工作始终保持正确航向。一是坚持党领导"三农"工作原则不动摇。加强党对"三农"工作的全面领导，健全党领导农村工作的组织体系、制度体系、工作机制，实行中央统筹、省负总责、市县乡抓落实的农村工作领导体制，健全五级书记抓乡村振兴考核机制，确保党在农村工作中始终总揽全局、协调各方。二是坚持农村基本经营制度不动摇。处理好农民和土地关系这条主线，把强化集体所有制根基、保障和实现农民集体成员权利同激活资源要素统一起来，促进农村集体资源资产的权利分置和权能完善，让广大农民在改革中分享更多成果。三是坚持尊重农民意愿，保护农民利益不动摇。始终把保障农民合法利益放在第一位，充分尊重农民意愿，充分调动农民积极性主动性创造性，突破政策底线的事不能干、违背农民意愿的事不能干、与农民争利的事不能干，让亿万农民成为农业农村发展的参与者、建设者、受益者。

创新，就是要强化科技和改革双轮驱动，坚决打破惯性思维和路径依赖，与时俱进创新思路方法，协同推进科技创新和制度创新，勇于开辟新领域新赛道，塑造新动能新优势，加快实现量的突破和质的跃升。其中，推进农业科技创新突破是一项紧迫任务。当前，科技创新已成为国际战略博弈的主要战场，我国农业科技创新整体迈进了世界第一方阵，但部分核心种源、高端装备依然捏在别人手上，农业科技进步贡献率同世界先进水平相比还有不小的差距。现在比以往任何时候都更加需要重视和依靠农业科技创新，要把创新作为第一动力，加大核心技术攻关力度，集中力量加快实现高水平农业科技自立自强，强化以科技创新引领农业农村现代化建设。一是推进育种创新攻关。加快推进种业振兴行动，组织开展联合攻关，加快选育高油高产大豆、短生育期油菜、耐盐碱作物等急需紧缺品种，培育生猪、奶牛、肉牛、高端设施蔬菜等优质品种，加快生物育种产业化步伐，实现种业科技自立自强、种源自主可控。二是提升科技创新效能。深入推进农业关键核心技术攻关，在底盘技术、前沿技术等领域突围突破。强化农业战略科技力量，建设农业领域重大创新平台，着力构建梯次分明、分工协作、适度竞争的农业科技创新体系。三是创制应用先进农机。实施农机装备补短板行动，推进大型大马力高端智能农机装备、丘陵山区适用小型机械等创新突破，加快专用芯片、传感器等关键零部件自主研发，集成应用北斗智能监测终端及辅助驾驶系统。四是积极跟进发展智慧农业。加强农村信息基础设施建设，高效利用农业农村大数据，拓展智慧农业应用场景，促进数字技术与现代农业深度融合，打造一批装备先进、精准高效的具有集成性示范性、体现未来发展方向和水平的植物工厂、现代设施农业和智慧农业引领区。与此同时，顺势加快推进数字乡村建设，使智慧农业与数字乡村同向并进。

四、坚持问题导向的实践要求，推进农业农村现代化加快赶上国家现代化步伐

习近平总书记指出："每个时代总有属于它自己的问题，只要科学地认识、准确地把握、正确地解决这些问题，就能够把我们的社会不断推向前进。"坚持问题导向，是习近平新时代中国特色社会主义思想的鲜明品格，是党的十八大以来党治国理政的突出特点。这些重要论述充分凸显了鲜明的问题意识、历史担当和斗争精神。

近年来，我国农业现代化取得不少实质性进步，但相比较而言，农村现代化在基础设施、公共服务、社会治理等方面还比较滞后。主要表现在：水电路气信等基础设施短板依然突出，近三成农户未用上卫生厕所，约六成的农村生活污水未得到有效治理。农村每千人口卫生技术人员 5.2 人，不足城市的一半，乡村义务教育学校专任教师本科以上学历比例比城镇低近 20 个百分点，幼儿教育、养老服务较为短缺。一些地方高额彩礼、厚葬薄养等陈规陋习仍然存在，非法宗教、封建迷信侵蚀现象突出。这些问题，既是发展实践进程中遇到的现实问题，有些也是农民群众的急难愁盼问题，许多还是两难甚至多难问题。迫切需要坚持问题导向，不断探索提出真正解决问题的新思路新办法新措施。

推进农业农村现代化，要瞄准"农村基本具备现代生活条件"的目标，学习运用"千村示范、万村整治"工程经验，适应乡村人口变化趋势，深入实施乡村建设行动，突出"普及普遍"基本要求，集中力量抓好办成一批群众可感可及的实事，精准发力补上短板弱项，加快建设宜居宜业和美乡村。一是务实建设乡村公共设施，促进生活美。聚焦把基础设施和公共服务重点放在农村，集中力量抓好普惠性、基础性、兜底性民生建设，优先建设既方便生活又促进生产的项目，持续推进农村道路、供水供电、物流通信、农村住房等基础设施提档升级，加大推动教育、医疗、养老等基本公共服务扩面提质。二是整治提升农村人居环境，促进生态美。扎实稳妥推进农村厕所革命，逐步实现有条件的地区农村户用厕所愿改尽改，新改厕所逐步入院入室。梯次分类推进农村生活污水垃圾治理，消除较大面积农村黑臭水体，统筹推进厕所粪污、易腐烂垃圾、有机废弃物就地就近就农资源化利用。持续开展村庄清洁行动，推进村庄绿化美化，整体提升村容村貌。三是加快提高乡村治理效能，促进乡风和。健全完善党组织领导的自治、法治、德治相结合的乡村治理体系，强化县乡村三级治理体系功能，推广积分制、清单制、数字化、接诉即办等务实管用的治理方式，打造充满活力、和谐有序的善治乡村。四是深化农村精神文明建设，促进人心和。弘扬和践行社会主义核心价值观，创新乡村精神文明建设平台载体。加强农村思想道德建设，持续推进农村移风易俗，培育文明乡风、良好家风、淳朴民风，丰富农民文化生活，发展富有农耕农趣农味、体现和谐和顺和美的乡村文化活动。五是大力推进农民素质素养全面发展，促进和美与共。聚焦育新人、展形象、树新风，加强高素质农民培育，推进教育资源共建共享，提升农民经营管理能力和科技文化素质，推动农民形成适应新时代要求的思想观念、精神面貌、文明风尚、行为规范。

五、坚持系统观念的思想方法，推动城乡融合发展

习近平总书记指出："要坚持系统观念，加强对各领域发

展的前瞻性思考、全局性谋划、战略性布局、整体性推进，加强政策协调配合，使发展的各方面相互促进……"这些重要论述清晰阐明了系统观念是具有基础性、根本性的思想方法和工作方法，是辩证唯物主义的重要认识论和方法论，提供了应对复杂局面、推动事业发展的科学指引。

在现代化进程中，处理好工农关系、城乡关系，事关现代化的成败。当前，我国人均GDP已经超过一万美元，迈入中等收入国家行列。从世界各国现代化历史看，有的国家没有处理好工农关系、城乡关系，乡村走向凋敝，工业化和城镇化走入困境，最终陷入"中等收入陷阱"。要将农业农村现代化放在国家现代化全局中系统谋划，把推进新型城镇化和乡村全面振兴有机结合起来，健全城乡融合发展体制机制和政策体系，形成城乡融合发展新格局，实现城镇与乡村相得益彰。

当前和今后一个时期，要把县域作为重要切入点，加快推动城乡融合发展。一是推动城乡要素双向流动。加快建设高效规范、公平竞争、充分开放的城乡要素市场，建立健全农村产权流转交易市场体系，促进商品要素资源在更大范围内畅通流动，在乡村形成土地、资金、产业、信息汇聚的良性循环。健全人才投身和服务乡村长效机制，引导鼓励更多人才服务乡村、建设乡村、发展乡村。二是推动城乡资源均衡配置。探索完善城乡基础设施一体规划、一体建设、一体管护机制，促进城乡公共服务标准统一、制度逐步并轨，合力促进农业转移人口有序有效融入城市。三是推动城乡经济畅通循环。围绕农村消费挖潜扩容提质，健全完善农村市场体系，创新农业农村基础设施投融资机制，扩大有收入支撑的消费需求、有合理回报的投资需求，推动农村经济质的有效提升和量的合理增长，努力构建潜能巨大的农业农村高质量发展促进国内大循环的新格局。

六、坚持胸怀天下的视野格局，推动农业农村现代化建设更好融入开放型世界经济

习近平总书记在党的二十大报告中指出："我们要拓展世界眼光，深刻洞察人类发展进步潮流，积极回应各国人民普遍关切，为解决人类面临的共同问题作出贡献……"坚持胸怀天下，是中国共产党正确认识和处理同外部世界关系的重要立场观点方法，充分体现了大国大党对构建人类命运共同体的世界情怀和责任担当。党的十八大以来，习近平总书记放眼世界，以宏大的全球视野和战略思维，创造性地提出了许多具有战略性和号召力的中国理念、中国主张、中国方案。新时代新征程，作为世界第一人口大国、最大的发展中国家、全球第二大经济体，中国对外开放的大门只会越开越大，深度参与全球产业分工和合作，更好发挥超大规模市场和强大生产能力的优势，不断增强对国际循环的吸引力、推动力。

农业对外合作是我国对外开放的重要组成部分。近年来，我国有效统筹国内国际两个大局，用好国内国际两个市场、两种资源，农业国际竞争优势持续提升。一是农业国际合作持续深化。坚持多边主义原则，累计与世界140多个国家和地区开展了广泛的农业合作，农业科技合作和对外援助扎实推进。二是农业对外贸易不断拓展。果菜茶鱼等特色产品出口稳步扩大，2022年农业贸易额超过3370亿美元，农业对外投资规模超过300亿美元，农产品市场开放程度达到90%以上。三是全球粮农治理深度参与。农业成为元首外交和政府磋商的重要议题，成为自由贸易试验区、中国国际进口博览会等开放制度设计和平台载体的重要推手。

推进农业农村现代化，要立足世界百年未有之大变局，用更宏大的全球视野、更高远的战略思维，统筹高质量发展和高水平安全，加快构建新型农业对外合作关系。一是构建多元化进口格局。深入实施农产品进口多元化战略，优化进口来源地布局，拓宽进口渠道，建立稳定可靠的贸易关系。着力培育跨国农业企业集团，引导支持国内企业融入全球农产品供应链价值链。二是提高农产品贸易竞争力。建设农业国际贸易高质量发展基地、农产品国家外贸转型升级基地、农业特色服务出口基地，拓展农业服务贸易。加强与共建"一带一路"国家和地区多双边农业合作，建设境外农业合作园区和农业对外开放合作试验区，稳步提升对外农业贸易投资水平。三是深化国际农业合作。围绕粮食安全、气候变化、绿色发展、科技创新等领域，加强全球农业交流合作。深度参与世界贸易组织涉农谈判和全球粮农治理，共同制定国际标准规则，进一步增强我国农业国际化影响力。四是加强乡村发展建设治理的成果互鉴。充分利用国际交流合作平台，学习借鉴各国农业农村发展的好经验好做法，推动各方优势互补、资源共享，凝聚力量不断提升乡村建设质量。强化乡村休闲旅游产品的交流推介，吸引更多境外消费者来华体验特色农耕文化，增进全人类共同价值认同。

（原载《中国党政干部论坛》2024年第1期）

以农业科技自立自强
支撑引领农业强国建设

吴孔明
农业农村部党组成员、中国农业科学院院长、中国工程院院士习近平总书记在2022年12月召开的中央农村工作会议上对加快建设农业强国作出系统部署，明确了当前和今后一个时期"三农"工作的目标任务、战略重点和主攻方向。科技是第一生产力。贯彻落实党的二十大和中央农村工作会议精神，加快建设农业强国，必须充分发挥科技创新的引领带动作用，不断提高土地产出率、劳动生产率和资源利用率，走主要依靠科技进步支撑农业强国的内涵式发展之路。

一、深刻认识科技支撑农业强国建设的重大意义

科技立则民族立，科技强则国家强。农业科技自立自强是实现农业强国的必由之路，是保障国家粮食和重要农产品稳定安全供给的关键所在，是加快推进农业农村现代化、全面推进乡村振兴的重要举措，我们要深刻认识科技创新支撑农业强国的重大意义，切实增强推进高水平农业科技自立自强的责任感使命感。

深刻认识建设农业强国利器在科技。目前，能够称为农业强国的有美国、加拿大、澳大利亚、法国、德国、意大利、荷兰、丹麦、以色列、日本等国家。这些国家中只有美国属于综

合型农业强国，其他国家属于特色型农业强国。农业强国一般具有供给保障强、科技装备强、经营体系强、产业韧性强、竞争能力强等共同特征。这其中，科技是关键利器，是实现农业强国之路的首要驱动力。党的十八大以来，我国农业科技创新实现大发展、大跨越，整体迈进到世界第一方阵。2022年全国农业科技进步贡献率达62.4%、自主选育作物品种面积占比超95%、主要畜禽核心种源自给率达75%、农作物耕种收综合机械化率达72.03%、农业绿色发展指数达76.91，为保障国家粮食安全、促进农民增收和农业绿色发展发挥了重要作用。但是，与加快建设农业强国的要求相比，我国农业科技仍然存在诸多短板弱项，部分核心种源、高端装备依赖进口，创新链条中有卡点，企业技术创新能力不强，农业科技进步贡献率同世界先进水平相比还有不小差距。当前，生物技术、信息技术、材料技术等领域发展日新月异，基因编辑、合成生物、数字智能等关键核心技术不断加快农业产业变革，科技竞争空前激烈。我国农业科技界必须肩负起推动高水平农业科技自立自强的责任使命，紧盯世界农业科技前沿，加强原创性、引领性科技攻关，加快取得一批突破性成果，抢占科技竞争制高点、赢得战略主动权。

深刻认识实现稳产保供必须依靠农业科技创新。保障粮食和重要农产品稳定安全供给始终是建设农业强国的头等大事。我国人口众多，14亿多人每天要消耗70万吨粮食、9.8万吨油、23万吨肉、192万吨菜。随着经济社会发展和人民生活水平的提高，食物消费结构发生显著变化，肉蛋奶的消费比例将不断上升，人均粮食消费量会持续增加。在国际上，关于粮食安全有"两条线"：一条是"吃饱"线，联合国规定粮食安全线是人均400公斤；另一条是"吃好"线，国际上目前还没有标准，发达国家人均粮食消费量大多在800公斤。所以，当一个国家进入发达国家阶段，人均粮食需求量约为700~900公斤。2022年，我国国内生产粮食人均占有量达到483公斤，有力保障了我国粮食安全。随着社会主义现代化强国建设不断推进，人均粮食需求还会继续上升。我国实现农业强国建设目标，每年人均占有粮食600公斤必不可少。解决吃饭问题，根本出路在科技。在我国耕地、淡水等基础资源以及农业劳动力日趋紧张的情况下，依靠自己的力量端牢饭碗，满足人民美好生活需要，必须依靠高水平农业科技支撑与赋能。

深刻认识全面推进乡村振兴迫切需要通过科技创新塑造新动能新优势。全面推进乡村振兴是新时代建设农业强国的重要任务，产业振兴是乡村振兴的重中之重，巩固拓展脱贫攻坚成果是底线任务，增加农民收入是中心任务。目前，面向乡村发展的科技供给、技术服务和人才支撑不足，科技资源向农村集聚、科技人才向农村流动的机制仍不顺畅。必须多方位、全时域把创新元素融入乡村产业发展之中，加快推进科技创新由注重种养为主向"种养加"结合、一二三产融合全过程拓展，由注重农业向农业农村并重拓展,由注重生产向生产生活生态并重及文化、休闲等多功能性拓展,推动乡村产业全链条升级,做强现代种养业,做精乡土特色产业,提升农产品加工流通业,优化乡村休闲旅游业,培育乡村新型服务业,发展乡村信息产业。同时,还要积极引导人才下沉、科技下乡,培育农村实用型人才,为乡村振兴注入新动能塑造新优势。

深刻认识建设宜居宜业和美乡村迫切需要科技创新强力支撑。农村现代化是建设农业强国的内在要求和必要条件,建设宜居宜业和美乡村是农业强国的应有之义。乡村不仅是农业生产的空间载体,也是广大农民的家园故土。我国有69万多个行政村,乡村居住人口约5亿人,占全国人口总数的36%,是很大的一个行政区域和人口群体。绿色是农业的底色、生态是农业的底盘,农业绿色低碳发展是建设美丽乡村的必然选择。我国农业长期高投入、耕地长期高强度、超负荷利用,导致部分地区农业面源污染、耕地重金属污染、生态系统退化严重。必须坚持绿水青山就是金山银山理念,突破农业绿色投入品研发、化肥农药减施增效、节水控水、耕地质量提升、农业废弃物循环利用、农业污染治理、生态修复与保护等领域的技术瓶颈,着力构建支撑农业绿色发展的技术体系,加快推动农业绿色发展,提升改善农村人居环境,建设宜居宜业和美乡村。

二、牢牢把握科技支撑农业强国建设的重点任务

中国的农业强国之路必须立足中国国情，同时吸收世界各国发展农业的经验，这是建设中国特色社会主义现代化强国的重大任务，是传承和发扬中华农耕文明的迫切需要，是立足中国国情、彰显制度优势、践行道路自信的重要体现，是历史逻辑、理论逻辑和实践逻辑的统一。新发展阶段推进农业强国建设，补上农业农村现代化薄弱环节，比任何时候都更加需要科学技术解决方案，更加需要增强创新这个第一动力。根据党的二十大的部署，农业强国主要包含六个方面的重点任务，每项任务核心都是科技问题，对农业科技工作提出了明确要求。

聚焦"供给保障安全可靠"，强化种子与耕地科技创新。必须坚定实施"以我为主、立足国内、确保产能、适度进口、科技支撑"的国家粮食安全战略，落实"藏粮于地、藏粮于技"和"大食物观"，向科技要增量、挖潜能、拓边界，全面提高农业综合生产能力，更加有力地保障粮食和重要农产品稳定安全供给。要强化种业创新攻关，加强种质资源保护和鉴定利用，挖掘重大价值基因，培育优异新品种，加强生物育种技术研发与产业化应用，加快畜禽良种化和大动物品种国产化，加快实现重要种源自主可控和优良品种的不断更新升级；要强化土壤保育与地力提升、水肥资源高效利用、耕地污染修复等科技创新，突破东北黑土地保护、盐碱地综合利用、南方稻区重金属污染

治理等瓶颈制约，推动我国耕地地力的整体提升，为国家粮食安全夯实基础支撑；要强化农业生物安全研究，系统开展外来物种入侵、植物病虫草害、畜禽疫病、微生物耐药性、生物技术环境安全等风险因素的监测预警、快速检测、综合防控和战略研究，为产业安全、生态安全提供科技支撑。

聚焦"科技创新自立自强"，强化全国农业科技创新体系整体效能。农业科研具有典型的生态区域性、品种生物特性、长周期性、不可间断性及公益性等特征，需要稳定投入长期支持。要着力提升农业科技创新体系整体效能，解决好各自为战、低水平重复、转化率不高等突出问题；要优化农业科技创新体系，构建政府、科研机构、企业、金融资本、社会力量等主体多方参与、利益共享、协同高效的农业科技创新体系；要以产业急需为导向，聚焦底盘技术、核心种源、关键农机装备、合成药物、耕地质量、农业节水等领域，发挥新型举国体制优势，依托国家级科研院校和重大创新平台，整合各级各类优势科研资源，强化农业科技原始创新和核心关键技术攻关突破，支撑农业科技高水平自立自强；要持续加强现代农业产业技术体系、现代农业技术推广体系、现代农业产业科技创新中心、现代农业科技创新联盟等建设，大力推动集成创新，强化公益性服务功能；要支持农业领域国家实验室、全国重点实验室、制造业创新中心、农业基础资源收集保存平台、农业基础性长期性观测实验站（点）建设，服务基础研究与科学决策。

聚焦"设施装备配套完善",强化设施农业和农机装备研发。先进适用的农机农艺装备、智能高效的现代设施农业,能够显著提升资源利用率,增强农业产出稳定性。要大力研发新型农业设施装备,推进设施农业技术系统化研发,推进设施装备、设施品种,设施产品保鲜、加工等科研力量整合,形成支撑设施装备配套和技术体系完善的科研队伍,打造一体化模式,把戈壁、沙漠变成生产蔬菜的重要基地,把种蔬菜的高标准农田腾出来种粮食;要强化农机装备补短板,聚焦粮食装备智能化、棉油装备关键核心技术自主化、薄弱环节和区域生产装备全面化,构建适应国情农情的农机装备体系。

聚焦"产业链条健全高端",强化全产业链技术研发与应用。农业产业链条非常长,基本的农产品生产只是原料,通过标准化生产、产后加工、品牌建设会增值5-10倍。助推一二三产融合发展必须解决全产业链不同环节的系统性模式化的科技支撑问题,涉及生产、保鲜、加工、物流,还有特色农产品的文化赋能等。要将粮棉油、肉蛋奶、果菜茶,从初级生产到走上餐桌,进行全链条统筹,从技术到装备、到文化,把产业的每一个环节技术整合起来,把每一条产业链都做长,都做成"金项链",形成对整个农业生产全产业链的强大技术支撑和服务。

聚焦"资源利用集约高效",强化农业绿色发展技术供给。推进农业绿色发展是农业发展观的一场深刻革命,对农业科技创新提出了更高更新的要求。迫切需要强化科技和改革驱动,破解当前农业资源趋紧、环境问题突出、生态系统退化等重大瓶颈问题，以绿色投入品、节本增效技术、生态循环模式、绿色标准规范为主攻方向，全面构建高效、安全、低碳、循环、智能、集成的农业绿色发展技术体系，形成节约资源和保护环境的空间格局、产业结构、生产方式、生活方式，实现农业生产生活生态协调统一、永续发展。

聚焦"国际竞争优势明显"，强化农业科技国际合作。我国人均土地资源、水资源有限，如何统筹利用好国内国际两种资源、两个市场保障粮食供给，是国际合作从战略上需要思考解决的问题。我国每年进口大量的农产品，主要来源地过于集中，要防止在农产品国际贸易问题上被"卡脖子"。同时，我国很多动植物疫病、重大病虫害的防控，源头都是周边国家，迫切需要通过国际合作解决问题。要通过农业科技国际合作，让技术走出去，到"一带一路"国家，到我国粮食和大豆进口主要来源地，不断提升我国粮食安全的掌控能力。因此，国际合作不再是从国外引进技术的阶段，更多的是让我们的人员、平台、装备、技术走出去，开创一片新天地，为国家粮食安全和大国外交作出更大的贡献。

三、奋力担当科技支撑农业强国建设的领头羊

中国农业科学院是国家战略科技力量。2017年，习近平总

书记在致中国农业科学院建院60周年的贺信中明确指示："要立足我国国情，遵循农业科技规律，加快创新步伐，努力抢占世界农业科技竞争制高点，牢牢掌握我国农业科技发展主动权，为我国由农业大国走向农业强国提供坚实科技支撑。"新时代新征程，中国农业科学院将牢记习近平总书记嘱托，进一步发挥国家农业战略科技力量的重要作用，团结带领全国农业科研力量，聚焦战略目标开展跨学科、大协同的创新攻关，完成周期长、风险大、难度高、前景好的重大任务，在最短时间内实施最优方案、突破最强技术、破解最难问题，把创新主动权、发展主动权牢牢掌握在我们自己手中，推动我国农业科技自立自强加速取得重大突破，为农业强国建设作出新的贡献。

加快建设国家战略科技力量。进一步强化人才是第一资源的基础性、战略性地位，升级实施"农科英才工程"，坚持国家使命和科学问题牵引，统筹推进国家农业科技人才培养、引进和使用，深化人才分类评价改革，推进中国农科院大学建设，构建以战略科学家为牵引、领军人才为核心、青年人才为中坚、博士后和研究生为后备的雁阵式人才体系，打造高质量体系化的科研团队。进一步夯实世界一流科技平台的基础支撑，突出全国重点实验室的核心引领作用，加快建设完善科学基础设施、农业种质资源库圃体系、科学数据观测网络、试验基地体系，加快建设国际农业科技合作平台，夯实国家农业基础性科技创新能力。

弘扬践行新时代农科精神。2020年9月，习近平总书记在科学家座谈会上指出："科学成就离不开精神支撑"，"要大力弘扬科学家精神。"多年来，一代代中国农科院人扎根乡村、科技攻关，服务"三农"、造福人民，形成了以"求真笃行、敬农致用"为核心内涵的新时代农科精神。老一辈科学家自强不息、艰苦奋斗，科学报国、无私奉献的精神是中国农科院的宝贵财富。新征程上，中国农科院党组制定了《关于弘扬新时代农科精神的实施意见》，大力开展"灯塔""谱系""铸魂""强基"四大行动，加强对科研人员的精神引领，引导全院科研人员强化国家意志，勇担公益职责，体现国家队担当，坚持把论文写在大地上、把成果送到千万家，为加快推进高水平农业科技自立自强、支撑农业强国建设作出新的农科贡献。

加快推进六大领域科技创新。提高政治站位和胸怀格局，锚定科技支撑农业强国建设的目标任务，发挥院部集中决策、组织动员和统筹协调作用，强化全院"一盘棋"的科技力量部署和科技资源的"一体化"配置，构建以国家战略需求为导向、集中力量办大事的组织管理模式，形成体系化创新、专业化集成、集团化作战的创新格局。深入实施科技创新工程"跃升计划"，聚焦种子、耕地、生物安全、农机装备、绿色低碳、乡村发展等"国之大者"，开展战略性、原创性、引领性科技攻关，力争突破一批具有世界一流水平的前瞻性基础研究、引领性原创前沿技术、底盘共性技术和核心关键技术，夯实建设农业强国的科技基础。聚焦急需的、实用的、符合现实生产需要的科技创新，加快推出一批高产稳产、优质专用、绿色生态、适宜机械化、轻简化的小麦、玉米、大豆等作物新品种和系列技术。

加强技术集成应用与产业服务。围绕主要农产品稳产保供和特色农产品富民兴村的产业链部署创新链，覆盖上中下游、融合一二三产、兼顾软科学与硬技术，跨研究所、跨领域组织开展技术配套研发、集成创新和转移转化，提高技术组合配套的适配性和适应性。建立常态化稳产保供服务机制，组建覆盖粮棉油、肉蛋奶、果菜茶等主要产业的科技支撑队伍，完善"专家团—专家站—田间课堂"服务体系，全方位、常态化支撑农业产业发展。聚焦产业急需的关键技术，组织专家参与粮食稳产增产、大豆油料扩种等重大工作，加快研制推广北方两年三熟、南方一年两熟到三熟的多熟制农作物生产模式和技术体系，为我国新一轮千亿斤粮食产能提升行动提供科技支撑。强化转基因产业化试点技术服务，做好转基因玉米和大豆试点的跟踪监测，深入一线开展技术指导和培训服务，跟踪解决重大技术问题，加快转基因作物储备品种研发，做好转基因技术科普宣传。加快构建农村现代化的学科体系，大力发展乡村建设、特色产业、乡村治理、乡村环境、乡村能源、信息经济，科技赋能乡村振兴。

（原载《红旗文稿》2023年第6期）

全面推进乡村振兴是新时代建设农业强国的重要任务

黄承伟
农业农村部中国乡村振兴发展中心主任、研究员全面推进乡村振兴、加快建设农业强国，是党中央着眼全面建成社会主义现代化强国作出的战略部署。在中央农村工作会议上，习近平总书记发表重要讲话，结合贯彻落实党的二十大精神，着眼全面建成社会主义现代化强国的全局大局，系统阐释了建设农业强国、加快推进农业农村现代化、全面推进乡村振兴的一系列重大理论和实践问题，明确了当前和今后一个时期"三农"工作的目标任务、战略重点和主攻方向。全面推进乡村振兴，必须全面学习贯彻习近平总书记重要论述，牢牢守住国家粮食安全和不发生规模性返贫"两条底线"，统筹推进乡村发展、乡村建设、乡村治理，从深化农村改革、凝聚帮扶力量、促进科技创新、推动城乡融合发展四个方面激发乡村振兴新动能，加强党对乡村振兴的全面领导。

一、牢牢守住"两条底线"

我国是人口大国，无论发展到什么程度，14亿多人口的粮食和重要农产品稳定安全供给始终是头等大事。全面推进乡村振兴、实现共同富裕的前提是巩固脱贫攻坚成果，防止规模性返贫。

牢牢守住保障国家粮食安全底线。习近平总书记指出："粮食安全是'国之大者'。悠悠万事，吃饭为大。民以食为天。"保障粮食和重要农产品稳定安全供给始终是建设农业强国的头等大事，是全面推进乡村振兴的目标和基础。必须强化各级党政机关的政治责任，从政治的高度看待粮食安全问题；中国人的饭碗任何时候都要牢牢端在自己手中，饭碗主要装中国粮；严格考核，督促各地真正把保障粮食安全的责任扛起来。应把藏粮于地、藏粮于技、藏粮于储战略落到实处。牢牢守住18亿亩耕地红线，扎实推动高标准农田建设，实施新一轮千亿斤粮食产能提升行动。强化种业自主创新，实现种业科技自立自强。科学确定粮食储备功能和规模，加快构建高质有效可持续的粮食安全保障体系，强化粮食产购储加销协同保障。在增产和减损两端同时发力，持续深化食物节约各项行动。调动"两个积极性"，即农民的种粮积极性和地方政府重粮抓粮积极性。健全种粮农民收益保障机制，健全主产区利益补偿机制。在确保国家粮食安全的基础上，应把提升重要农产品供给保障能力作为全面推进乡村振兴的首要任务和有力支撑，着力提升大豆和油料产能，着力保障"菜篮子"产品供给，着力统筹做好重要农产品调控，着力推动发展农产品全产业链。

坚决守住不发生规模性返贫底线。习近平总书记指出："巩固拓展脱贫攻坚成果是全面推进乡村振兴的底线任务，要继续压紧压实责任，把脱贫人口和脱贫地区的帮扶政策衔接好、措施落到位，坚决防止出现整村整乡返贫现象。"应完善监测帮扶机制，包括针对农村低收入人群的"两不愁三保障"及收入的动态监测机制；预防返贫致贫的精准识别机制，以及政府、市场、社会资源统筹，事前预防与事后帮扶、开发式帮扶与保障性措施、外部帮扶与群众自我发展相结合的产业就业帮扶、综合保障与临时救助帮扶、扶志扶智帮扶及其他帮扶多措并举的综合帮扶机制。做到早发现、早干预、早帮扶，科学优化监测指标，完善多元监测体系，强化监测能力建设。推动脱贫地区更多依靠发展来巩固拓展脱贫攻坚成果，加大对脱贫地区区域发展能力提升的政策支持。加快易地搬迁集中安置区的社会融入，促进易地搬迁劳动力在安置地充分就业，提高易地搬迁劳动力就业能力；创新和完善安置点公共服务供给；加强易地搬迁弱劳动力精准帮扶。稳步提高兜底保障水平，这是确保不出现规模性返贫的兜底性制度安排。不断完善新发展阶段的社会救助内容，加强对救助者的能力投资；实施差异化救助，加强对儿童、女性等群体的保护力度，重视经济政策与社会政策的融合，实施积极劳动力市场政策，积极开展就业机会与就业能力援助；持续提升社会救助政策的集成性和综合性，健全社会救助对象识别、精准帮扶的集成、统筹机制；逐步构建社会救助多元主体协同机制，强化乡村社区内部救助与互助机制；稳步提升社会救助经办机构能力，建立健全社会救助集成化系统。

二、统筹推进"三个乡村"

全面推进乡村振兴是乡村发展、乡村建设、乡村治理有机组成的系统工程。建设"宜业"乡村、实现产业兴旺，必须聚焦产业促进乡村发展；扎实稳妥进行乡村建设的目标是使乡村更"宜居"，让农民就地过上现代文明生活；改进和加强乡村治理的目的是让农村既充满活力又稳定有序，建成和美乡村。

聚焦产业促进乡村发展。习近平总书记指出："产业振兴是乡村振兴的重中之重，要落实产业帮扶政策，做好'土特产'文章，依托农业农村特色资源，向开发农业多种功能、挖掘乡村多元价值要效益，向一二三产业融合发展要效益，强龙头、补链条、兴业态、树品牌，推动乡村产业全链条升级，增强市场竞争力和可持续发展能力。"应着力推动农村一二三产业融合发展，完善利益分配，构建紧密利益联结机制；聚焦要素需求，完善要素供给政策体系；培育市场主体，激发融合发展市场活力；强化应急管理，有效应对各种风险挑战。加快推进现代农业产业园建设，优化主导产业选择，强化产业支撑；提升产业链供应链现代化水平，深入推进三产融合；完善利益联结机制，保障农民充分受益；丰富财政资金投入方式，提升财政资金撬动能力。促进农民就地就近就业创业，大力发展县域经济和富民产业，因地制宜培育壮大县域产业体系，持续提升县乡就业承载力；系统优化提升产业平台功能，强化支持政策，加快农业农村优先发展方针加快落地；强化支持政策，培育返乡创业能人；持续推动农村创业就业创新，拓展农民就地就近就业创业新途径；强化人力资本支持，强化职业技能培训，优化就业服务。

扎实稳妥推进乡村建设行动。实施乡村建设行动，应坚持数量服从质量、进度服从实效，求好不求快，以普惠性、基础性、兜底性民生建设为重点，既尽力而为又量力而行。乡村建设应做到先规划后建设，乡村建设规划要体现遵循因地制宜理念，突出地域特色；提升编制工作精细化水平，突出规划系统性与实用性；激发农民参与积极性，提升规划有效性；坚持县域规划建设一盘棋，明确村庄布局分类，合理划定各类空间管控边界，优化布局乡村生活空间；积极有序推进村庄规划编制，发挥村庄规划指导约束作用，确保各项建设依规有序开展。继续把公共基础设施建设重点放在农村，推进往村覆盖、往户延伸。注重保护传统村落，科学制定传统村落保护规划，加大传统村落保护的政策和资金投入，促进传统村落静态保护向动态传承转变。深入开展农村人居环境整治，在"人"的问题上，重在激发农户参与农村人居环境整治的公共精神；在"钱"的问题上，重在拓宽资金筹措渠道，激发农户为人居环境付费的意识，探索政府主导、集体补充、村民参与、社会支持的资金投入机制。

加强和改进乡村治理。习近平总书记指出："要完善党组织领导的自治、法治、德治相结合的乡村治理体系，让农村既充满活力又稳定有序。"提高农村基层组织建设质量，应针对目前农村基层干部能力水平较低、农村基层党组织建设较弱、农村基层权力使用监督有效性不足等问题，着力提升农村基层党员干部的战斗力，着力加强农村基层党组织的领导力，着力提高农村基层权力运用的约束力。进一步完善以党组织统合引领优化基层管理体制，以构建长效激励机制提升村民各阶段公共参与的积极性，因地制宜地探索健全自治、法治、德治相结合的乡村治理体系。加强农村精神文明建设，拓展新时代文明实践中心的载体作用。推进更高水平的平安法治乡村建设，应加快完善农村治安防控体系，提升老百姓安全感；加强农村法律服务供给，推进法治乡村建设；完善预防性法律制度，坚持和发展新时代"枫桥经验"；健全矛盾纠纷多元化解机制，突出人民群众的主体地位。

三、激发乡村振兴新动能

巩固拓展脱贫攻坚成果、全面推进乡村振兴、加快农业农村现代化，是全党高度重视的一个关系大局的重大问题，当前应举全党全社会之力推动乡村振兴。

深化农村改革。改革创新是农村发展的根本动力，应从解决农业农村发展的深层次矛盾出发，坚持不懈地推进农村改革和制度创新，以处理好农民和土地的关系为主线，聚焦深化农村土地制度改革、巩固和完善农村基本经营制度、完善农业支持保护制度等重点领域和关键环节，有效解放和发展农村生产力，不断巩固和完善中国特色社会主义农村基本经济制度，为全面推进乡村振兴提供更有力的支撑。深化土地征收制度改革，深化集体经营性建设用地入市改革，深化农村宅基地制度改革，深化农村承包地管理与改革，稳步推进农村承包地"三权分置"改革，健全农业专业化社会化服务体系，培育壮大新型农业经营主体。建立健全农村集体资产管理制度，完善农业投资管理机制，创新农村金融服务，创造良好的农产品国际贸易环境。以补短板为基础激发内生动力，创新新型集体经济形式，强化政策帮扶力度，走共同富裕之路。

凝聚帮扶力量。完善东西部扶贫协作和对口支援，应解决好帮扶资源重叠分散等问题，着力提升协作效率，深化全方位合作，推动协作双方在更高层次实现协调发展。加强中央单位开展定点帮扶力度，从政策、资金、人才信息、技术等方面对定点帮扶县进行扶持，创新帮扶内容和方式，巩固拓展脱贫攻坚成果。广泛动员民营企业和社会组织助力乡村振兴，细化实化具体化"万企兴万村"行动。健全常态化驻村帮扶工作机制，把乡村振兴作为培养锻炼干部的广阔舞台，将乡村振兴重点帮扶县的脱贫村作为重点，对脱贫村、易地扶贫搬迁安置村（社区）继续选派驻村第一书记和工作队，进一步发挥其在加强村党组织建设、推进强村富民、提升帮扶村治理水平、为民办事服务方面的作用。

促进数字乡村建设。夯实农村数字化发展基础，应加强农村数字新基建、夯实数字农业基础、构建合理高效的数字普惠金融体系。加快推动城乡数字创新要素流通，促进数字资源从城市向乡村扩散、推动科技创新要素在城乡之间自由流动等。多渠道增强农民数字能力，主要是推动数字化、可视化，让更多农村居民能够嵌入网络市场和充分使用数字化公共服务，增强农民的数字技术应用能力。同时，大力发展农村电商，加速推进农业全产业链数字化进程，大力推动县域产业数字化转型，持续改善农村电商发展的制度环境。

强化基础设施和公共事业县乡村统筹。强化基础设施和公共事业县乡村统筹，是实现城乡融合发展的客观要求，是实现县域高质量发展、全面推进乡村振兴的客观要求，是以人民为中心发展思想的充分体现。强化基础设施和公共服务事业的县乡村统筹，总的是要落实好《关于推进以县城为重要载体的城镇化建设的意见》要求，推进城乡道路、网络、供水等基础设施一体化，建立城乡统一的基础设施管护运行机制，打通城乡基础设施的"最后一公里"；通过建立紧密型县域医疗卫生共同体，发展城乡教育联合体，健全县乡村衔接的三级养老服务网络等，破解基本公共服务领域的重大难题，从根本上缩小城乡居民医疗、教育、养老方面的差距。在进一步强化基础设施和公共事业县乡村统筹实践中，应把统筹思维融入县域发展规划全过程，着力促进县域内基础设施一体化和公共事业均等化，在注重提升县域以城带乡能力的同时，提升乡镇为农服务的能力。

四、加强党对"三农"工作的全面领导

办好农村的事情，实现乡村振兴，关键在党。习近平总书记指出，要坚持党领导"三农"工作原则不动摇，健全领导体制和工作机制，为加快建设农业强国提供坚强保证。

强化五级书记抓乡村振兴的工作机制。坚持党领导"三农"工作原则不动摇，健全领导体制和工作机制，要坚持五级书记抓乡村振兴，县委书记要当好"一线总指挥"。从政策上将脱贫攻坚中形成的党的领导机制，根据实际需要运用到乡村振兴工作体系中，开展县乡村三级党组织书记乡村振兴轮训。加强党对乡村人才工作的领导，加强建设政治过硬、本领过硬、作风过硬的乡村振兴干部队伍，选派优秀干部到乡村振兴一线岗位。应进一步强化五级书记抓乡村振兴的实践路径，进一步强化组织领导的工作机制，进一步完善资源配置的工作机制，进一步做实村庄资源落地的工作机制。

压实全面推进乡村振兴责任。完善组织领导机制，按照"中央统筹、省负总责、市县乡抓落实"的农村工作领导体制，构建"职责清晰、分级联动"的责任体系。加强由党委和政府负责同志领导的乡村振兴专项小组或工作专班，形成稳定的乡村振兴议事协调平台。强化基层服务型党组织建设，推进区域党建联合

体建设，以党建引领拓展乡村产业振兴、社区服务、文化传承、生态文明建设，把党建与乡村振兴责任覆盖到支部、延伸到党员。深入基层开展调查研究，确定"差异化、渐进式"乡村振兴责任目标，建立"适度容错、奖惩结合"的责任考核评估机制。

（原载《红旗文稿》2023年第2期）

有力有效推进
乡村全面振兴的行动指南

黄承伟

农业农村部中国乡村振兴发展中心主任、研究员习近平总书记在 2023 年中央农村工作会议召开之际对"三农"工作作出重要指示，站在党和国家事业全局高度，阐明了推进乡村全面振兴的战略要求和主攻方向，指明了以加快农业农村现代化更好推进中国式现代化建设的方向路径，具有很强的思想引领性、战略指导性和现实针对性，是新时代新征程有力有效推进乡村全面振兴的根本遵循和行动指南。

一、把推进乡村全面振兴作为新时代新征程"三农"工作的总抓手

习近平总书记指出："推进中国式现代化，必须坚持不懈夯实农业基础，推进乡村全面振兴"，"锚定建设农业强国目标，把推进乡村全面振兴作为新时代新征程'三农'工作的总抓手。"这一重要论述深刻阐述了新征程上乡村振兴的历史方位，进一步明确了乡村全面振兴在以中国式现代化全面推进中华民族伟大复兴进程中的战略定位，丰富发展了乡村振兴在强国建设、民族复兴伟业中的战略内涵。贯彻落实习近平总书记重要指示精神，要切实增强做好新时代新征程"三农"工作的紧迫感、责任感，以国内稳产保供的确定性应对外部环境的不确定性，以不断强化农业"基本盘"为推进中国式现代化提供支撑。

科学分析新时代新征程"三农"工作的成效与挑战。一方面，过去一年，我国粮食和重要农产品的供给稳定，粮食产能提升，守住了不发生规模性返贫的底线，农民收入较快增长，宜居宜业和美乡村建设稳步推进，新征程"三农"工作实现良好开局。另一方面，无论是从推进农业、农村现代化看，还是从农民增收致富看，"三农"工作面临许多新困难新挑战。比如，国内农业生产成本越来越高，市场不确定性、波动性增强，人民生活对于农产品的要求变化加快，对外贸易的不确定性增加，都给农业生产、农业农村发展带来一些影响和制约。

准确把握做好新时代新征程"三农"工作的有利条件。最根本的有利条件，是以习近平同志为核心的党中央一以贯之的高度重视和坚强领导。习近平总书记关于"三农"工作的重要论述，为推进乡村全面振兴提供了思想指引和根本遵循。最关键的有利条件，是随着中国式现代化的不断推进，我国综合国力的提升、科技创新的突破、城市和非农产业的发展、人才优势的发挥等，将为推进乡村全面振兴注入源源不断的强大引领力和带动力。最基础的有利条件，是农业农村蕴藏的巨大发展潜能，巨大的农村内需市场、广阔创业创新空间、乡村多种功能、乡村多重价值、优秀传统农耕文化的再发掘等，都是推动中国式农业农村现代化的宝贵财富。最具活力的有利条件，是我们在克服困难挑战、加快发展方面探索积累了许多宝贵经验。尤其是习近平总书记亲自决策、亲自部署、亲自推动形成的"千万工程"经验，为我们解决好"三农"问题、统筹处理好城乡关系提供了丰富的理论指引和实践借鉴。

二、学习运用好"千万工程"经验

习近平总书记强调："学习运用'千万工程'经验，因地制宜、分类施策，循序渐进、久久为功，集中力量抓好办成一批群众可感可及的实事。"习近平总书记的重要指示深刻阐述了学习运用"千万工程"经验的原则及方法，指明了学习运用"千万工程"经验的目标及途径。

"千万工程"，即"千村示范、万村整治"工程，是习近平总书记在浙江工作时亲自谋划、推动的乡村整治工程，也是他始终关心牵挂的生态富民工程。"千万工程"造就了万千美丽乡村，造福了万千农民群众，塑造了城乡融合发展的实践样板，描画了美丽乡村的生动图景，创造了推进乡村全面振兴的成功经验和实践范例。"千万工程"经验是推动学习贯彻习近平总书记关于"三农"工作重要论述走深走实的生动教材，学习运用这一经验最关键的是要把握好精髓要义、理念方法，并结合各地实际创造性转化。

充分体现人民至上、共建共享的价值取向。在推进乡村全面振兴过程中，必须始终站稳人民立场、强化宗旨意识，始终坚持发展为了人民、发展依靠人民、发展成果由人民共享，始终坚持农民主体、把群众所思所盼作为出发点和落脚点，从解决群众反映最强烈的问题着手开展工作。

坚持系统观念、统筹推进，增强工作的系统性、整体性、协同性。统筹推进美丽乡村、人文乡村、善治乡村、共富乡村、数字乡村，统筹推进乡村规划、建设、管理、经营、服务，统筹推进城乡融合发展，统筹推动物质文明和精神文明协调发展，充分运用以点带面、示范引领、连线成片，有力有序推进乡村全面振兴各项工作。

始终把握好"实事求是、因地制宜"的科学方法。在推进乡村全面振兴过程中，必须坚持从实际出发，根据区位特征、自然条件、经济基础、资源优势、文化传统等客观条件，明确建设重点，逐步拓展建设领域，推动各种类型乡村各展其长，充分体现差异化发展，让每一个乡村都找到适合自己的"最优解"，各美其美、美美与共，打造具有本地特色的现代版"富春山居图"。

三、守住确保国家粮食安全和不发生规模性返贫"两条底线"，强化科技和改革双轮驱动

习近平总书记强调，要全面落实粮食安全党政同责，坚持稳面积、增单产两手发力。要确保不发生规模性返贫，抓好防

止返贫监测，落实帮扶措施，增强内生动力，持续巩固拓展脱贫攻坚成果。保障粮食和重要农产品稳定安全供给始终是建设农业强国的头等大事，巩固拓展脱贫攻坚成果是推进乡村全面振兴的底线任务。

确保国家粮食安全、确保不发生规模性返贫，是乡村全面振兴的基础和底线。粮食关乎国家稳定、经济社会发展安全，不能以普通商品来对待，更不容有失；打赢脱贫攻坚战是新时代十年最具标志性的重大成就之一，脱贫攻坚成果能否巩固好、拓展好，直接关系近1亿脱贫群众的生产生活水平，须臾不可放松。实现两个"确保"，就守好了"三农"基本盘，经济社会全局稳定发展才有充足底气。习近平总书记的重要指示阐明了实现两个"确保"的战略体系和具体路径。

实现两个"确保"是复杂的系统工程，需要采取一揽子战略措施一体化推进。确保国家粮食安全，一要着力完善体制机制，各级党委和政府要把粮食安全"国之大者"扛在肩上，全面落实粮食安全党政同责，探索建立粮食产销区省际横向利益补偿机制。二要着力提升产能，稳定粮食播种面积，推动大面积单产提升行动，集成推广良田良种、良机良法、农机农艺技术，巩固大豆扩种成果；加强耕地保护和建设，健全耕地数量、质量、生态"三位一体"保护制度体系。三要着力优化供给，树立大农业观、大食物观，农林牧渔并举，稳步拓展农业生产空间，构建多元化食物供给体系。四要抓好灾后恢复重建，全面提升农业防灾减灾救灾能力。确保不发生规模性返贫，要健全防止返贫动态监测和精准帮扶机制，做好动态监测和帮扶工作，在增强脱贫地区和脱贫群众内生动力上下足功夫、见到实效。多渠道提高脱贫群众收入，多形式激发脱贫群众依靠自身力量发展的志气和心气。抓紧建立健全农村低收入人口和欠发达地区常态化帮扶机制，将过渡期后符合条件的对象全部纳入常态化帮扶，建立健全欠发达地区常态化帮扶机制和政策体系。

推进乡村全面振兴、加快建设农业强国，利器在科技，关键靠改革。实践证明，唯有依靠科技与改革双轮驱动，才能全面激活乡村资源要素，充分调动广大农民的积极性、主动性和创造性，推动农业农村发展实现质的有效提升和量的合理增长。在科技驱动方面，总的是要以高水平的科技创新支撑农业农村的高质量发展。加强体系化科研，开展基础性、前沿性、战略性的科技攻关，特别是加快破解产业科技难题，把握农业科技发展的主动权。坚持科技服务"三农"发展，全面支撑农业稳产保供和乡村发展建设治理，逐步建立农业农村科技创新体系，更高效组织科技难题攻关。深化体制机制改革，提升科技创新整体效能。在改革驱动方面，总的是要坚持把握好推动改革的时度效，坚持稳中求进、以进促稳、先立后破，推动农村改革重点任务落地见效。巩固和完善农村基本经营制度，特别是要构建现代农业经营体系，促进小农户与现代农业发展有机衔接。深化农村集体产权制度改革，特别是要大力发展壮大新型农村集体经济。稳慎推进农村宅基地制度改革，聚焦保障居住、管住乱建、盘活闲置。健全城乡融合发展体制机制，特别是要推进城乡公共基础设施一体建管、互联互通，城乡基本公共服务一体提升、优质共享。完善乡村治理体系，坚持系统观念，让科技和改革"两个轮子"都能运转流畅，科技与改革紧密配合、协同推进，确保乡村全面振兴不断推进、农业农村现代化行稳致远。

四、聚力提升乡村产业发展水平、乡村建设水平和乡村治理水平，强化农民增收举措

习近平总书记指出："要提升乡村产业发展水平、乡村建设水平、乡村治理水平，强化农民增收举措，推进乡村全面振兴不断取得实质性进展、阶段性成果。"三个"水平"的提升，既是推进乡村全面振兴的总体框架和重点任务，也明确了建设宜居宜业和美乡村的目标要求。贯彻落实习近平总书记的重要指示，要把促进产业兴旺、创造更多就业岗位、帮助农民持续增收放在更加突出的位置，扎实有序推进乡村建设，完善乡村治理体系。这为新时代新征程促进乡村产业发展、乡村建设和治理指明了前进方向，明确了实现路径。

着力推动乡村产业发展水平提升。找准产业发展方向和路径，坚持从实际出发、因地制宜原则，突出"精准务实"要求，做好"土特产"文章,推动乡村产业强链延链补链;拓展农业多种功能,推动乡村产业提质增效;把绿色生态理念贯穿乡村产业发展全过程,走可持续发展之路。建强优势特色产业集群、现代农业产业园、农业产业强镇等平台载体,以平台载体的提档升级促进产业提质增效。充分调动企业自身改造更新的积极性,有效发挥政府引导推动作用,着力推动农产品加工业优化升级,提高加工流通效率和效益。强化分类指导,推进帮扶产业高质量发展。完善联农带农机制,强化农民增收举措。

着力推动乡村建设水平提升。加强农村基础设施建设,加快补齐乡村经济基础设施和社会基础设施短板,为农村基本具备现代生产生活条件创造完备的基础设施支撑。深入推进农村人居环境整治提升,改善农村人居环境。多措并举增强乡村基本公共服务供给能力,推进城乡基本公共服务均等化。加强农村生态文明建设,促进乡村绿色转型发展。统筹新型城镇化和乡村全面振兴,促进县域城乡融合发展。始终坚持为农民建、靠农民建,健全自下而上、农民参与的实施机制。

着力推动乡村治理水平提升。推进抓党建促乡村振兴,建好建强农村基层党组织,优化驻村第一书记和工作队选派管理。繁荣发展乡村文化,加强农村精神文明建设。推进农村移风易俗,建设平安乡村。

五、加强党对"三农"工作的全面领导

习近平总书记强调:"各级党委和政府要坚定不移贯彻落实党中央关于'三农'工作的决策部署,坚持农业农村优先发展,坚持城乡融合发展,把责任扛在肩上、抓在手上,结合实际创造性开展工作,有力有效推进乡村全面振兴,以加快农业农村现代化更好推进中国式现代化建设。"新时代新征程,"三农"工作任务更重、要求更高,必须加强党对"三农"工作的全面领导,为有力有效推进乡村全面振兴提供根本保障。

健全党领导农村工作的体制机制。推进乡村全面振兴、加快建设农业强国,关键在党。党管农村工作,是我们党的优良传统。历史和现实充分证明,党的领导是做好"三农"工作的根本保证。必须坚持把解决好"三农"问题作为全党工作的重中之重,坚持农业农村优先发展,改革完善"三农"工作体制机制,全面落实乡村振兴责任制。加强党委农村工作体系建设,统筹推进乡村全面振兴。

健全中央统筹、省负总责、市县乡抓落实的乡村振兴工作机制,落实落细五级书记抓乡村振兴要求。各级党政领导干部要树立正确的政绩观,落实"四下基层"制度,大兴调查研究,改进工作方式方法,加强作风建设,顺应自然规律、经济规律、社会发展规律,把握好工作时度效。同时,应注意优化各类涉农督查检查考核。

以提升组织力凝聚振兴合力，广泛动员各方力量。落实乡村振兴责任制，充分发挥基层党组织战斗堡垒作用，强化农村改革创新，完善乡村振兴多元化投入机制。壮大乡村人才队伍，全面提高农民综合素质，抓紧提升"三农"干部能力素质。学好用好"千万工程"经验，在守正创新中把住"三农"工作底线，改进工作方式方法，不断提升思维能力，增强工作科学性、预见性、主动性、创造性，强化未雨绸缪意识，有效防范化解重大风险。

（原载《红旗文稿》2024年第2期）

着眼国家重大战略
接续全面推进乡村振兴

韩 杨

国务院发展研究中心农村经济研究部研究室主任、研究员党的十八大以来，以习近平同志为核心的党中央高度重视"三农"工作。习近平总书记在看望参加全国政协十三届五次会议的农业界、社会福利和社会保障界委员时强调，实施乡村振兴战略，必须把确保重要农产品特别是粮食供给作为首要任务，把提高农业综合生产能力放在更加突出位置。当前，从容应对世界百年未有之大变局和世纪疫情，推动经济社会平稳健康发展，必须着眼国家重大战略需要，稳住农业基本盘，做好"三农"工作。2022年2月22日，《中共中央国务院关于做好2022年全面推进乡村振兴重点工作的意见》发布，为做好"三农"工作、全面推进乡村振兴提供了根本遵循。

从国家重大战略看全面推进乡村振兴

全面推进乡村振兴的"总基调"。2021年，是中国共产党成立一百周年、中国全面建成小康社会、实现第一个百年奋斗目标、开启迈向全面建成社会主义现代化强国第二个百年奋斗目标新征程的第一年，"三农"工作克服疫情灾情叠加等不利影响，实现了农业生产稳中有进、农民收入稳定增长、脱贫攻坚成果得到巩固拓展、全面推进乡村振兴迈出坚实步伐，农业农村改革发展取得的显著成效，对开新局、应变局、稳大局发挥了重要作用。2022年，要推动经济社会平稳健康发展，必须接续全面推进乡村振兴，更好发挥"三农"压舱石、稳定器的作用，保持"稳"字总基调，要稳字当头、稳中求进，稳住"三农"基本盘、解决好"三农"问题、做好"三农"工作，确保农业稳产增产、农民稳步增收、农村稳定安宁，全面推进乡村振兴取得新进展、新成效。

推进乡村振兴、加快农业农村现代化。2022年是进入全面建设社会主义现代化国家、向第二个百年奋斗目标进军新征程的重要一年。2021年，国家已经陆续制定、发布了"十四五"农业农村发展规划和2035年远景目标，在此基础上已经开好局、起好步。全面推进乡村振兴不同于脱贫攻坚，是持久战而不是攻坚战。立足新发展阶段，在迈向基本实现社会主义现代化的新征程中，确保到2025年，农业基础更加稳固、乡村振兴战略全面推进、农业农村现代化取得重要进展，力争到2035年，乡村全面振兴取得决定性进展、农业农村现代化基本实现，而要实现第一阶段奋斗目标，"十四五"时期乃至未来15年是重要关键时期，2022年则是实施"十四五"规划承上启下之年，是乡村振兴全面展开的关键之年。在中长期发展规划和目标非常明确情况下，锚定发展目标，要以规划为引领，着力贯彻好、落实好相关工作部署。因此，2022年的重点工作更突出年度性任务、针对性举措和时效性导向，也就是要稳扎稳打、扎实有序推进,就是要脚踏实地、循序渐进、不断递进、久久为功,明晰主线、抓住重点、务实具体,清晰回答好、解决好全面乡村振兴"守什么、如何守;推什么、如何推;保什么、如何保"的现实问题,确保全面推进乡村振兴取得新进展、农业农村现代化迈出新步伐。

从"守什么、如何守"看全面推进乡村振兴的"两条底线"

牢牢守住保障国家粮食安全底线。粮食问题是长期以来农业农村发展要解决的首要问题,"抓农业农村工作,首先要抓好粮食生产",粮食问题极端重要。到2021年,我国粮食总产量连续7年超过6.5亿吨,达到6.83亿吨;粮食人均占有量达到484公斤,连续多年高于世界平均水平;口粮储备长期保持在70%以上,远远高于联合国粮农组织界定的粮食安全储备率17%~18%的水平。尽管我国已基本实现了粮食安全,从基本解决温饱问题到数量、质量、营养的全方位保障转变,但面对我国这样一个14亿多人口大国,保障粮食安全是一个永恒的课题,任何时候都不能放松。基于人多地少水缺的现实,保障粮食安全仍将受资源环境刚性约束,针对当前短板弱项和风险挑战,要接续实施"藏粮于地、藏粮于技"战略,来强化现代农业基础支撑,夯实粮食产能。具体看,藏粮于地,就是加强耕地数量、质量与生态全方位保护,严守耕地红线,明确耕地用途,严格落实耕地利用优先序，确保耕地主要用于粮食和棉、油、糖、蔬菜等农产品及饲草生产；同时，优化水土资源配置，突出抓好高标准农田建设和实施黑土地保护工程，分类改造盐碱地，挖掘耕地潜力；藏粮于技，就是要推进种源等农业关键核心技术攻关，加快推进农业种质资源普查，提高精准鉴定评价水平，实行实质性派生品种制度，强化种业知识产权保护；同时，因地制宜提升平原、丘陵、山区等农机装备水平，加快发展设施农业和提高有效防范应对农业重大灾害风险能力、水平，用科技赋能产能，提高粮食和重要农产品生产能力。2022年，重点落实稳面积、保产量，强化粮食主产区、主销区和产销平衡区自给要求，不断提升粮食综合生产能力；补短板、强弱项，因地、因气候差异，扩大大豆播种面积，推广玉米、大豆带状复合种植新模式新技术，稳定提升大豆和油料产能；调结构、稳基础，保障肉、奶、棉花、糖料、水产品和蔬菜等重要农产品供给；调结构、强储运，统筹做好产运储加销全链条的粮食安全保障；稳支持、保收益，力争政策保本、经营增效，促进农民、主产区种粮得实惠、有干劲；筑牢多重防线、守住安全底线，保障国家粮食安全、端牢中国人饭碗。

牢牢守住不发生规模性返贫底线。全面推进乡村振兴的前提是巩固脱贫攻坚成果。2020年，我国打赢了人类历史上规模空前、力度最大、惠及人口最多的脱贫攻坚战，已经历史性解决了农村绝对贫困问题，让亿万农村居民同步实现全面小康。

2021年，"三农"工作重心历史性转移到全面推进乡村振兴上。过去的一年，脱贫县农村居民人均可支配收入增速快于全国农村居民人均可支配收入，在防范返贫致贫风险、持续推动同乡村振兴战略有机衔接等取得有效进展。2022年接续全面推进乡村振兴，就要持续巩固好脱贫攻坚成果、巩固好小康社会成果，让脱贫群众收入水平、生活水平更上一层楼，为迈向共同富裕走稳坚实步伐奠定基础。这就要求我们继续做好做到精准确定监测对象、落实针对性帮扶措施，完善监测帮扶机制；巩固提升脱贫地区特色产业发展，巩固光伏脱贫工程成效，延续支持帮扶车间发展优惠政策，确保脱贫劳动力稳岗就业、促进脱贫人口持续增收；通过补短板促发展，以项目实施、方案编制、政策支持、专项行动、社区治理等多种工作举措，加大对乡村振兴重点帮扶县和易地搬迁集中安置区支持力度；保持主要帮扶政策总体稳定，细化落实过渡期帮扶政策，推动脱贫地区政策落地见效。确保不发生规模性返贫，切实维护和巩固脱贫攻坚战的历史性成就。

从"推什么、怎么推"看全面推进乡村振兴的三项重要任务与重点举措

推进乡村产业振兴。产业发展是乡村发展的前提，促进乡村发展就要聚焦到乡村产业上。面对农业发展方式转型任务繁

重，要加快推进农业农村绿色低碳发展，除了保持农业生产价值和粮食生产基本功能外，要更加充分拓展农业多功能产业、挖掘乡村多元价值，纵向上推进农业生产、加工、销售、消费全产业链发展，横向上促进农业与生态、休闲、旅游、康养、文化等产业深度融合，以一二三产融合发展延伸产业链、完善供应链、提升价值链，壮大繁荣乡村经济、提升乡村经济价值，探索价值的多种实现形式，带动农村居民增收。把握县乡村区域发展特点，促进乡村经济增长。县是统筹城乡融合发展的基本单元，既能对外与城市广泛链接，又能对内统筹分散分布的村镇，因此，立足统筹县域富民产业发展，优化县城、乡镇、村的产业布局，助推特色产业集聚、发挥产业集群优势，推动形成"一县一业"发展格局；将物流、供应链下沉到县城、中心镇，加强县域商业体系建设，满足和扩大农村消费扩容提质升级。经济持续恢复稳中向好的增长态势，急需加快落实农民工稳岗就业政策，这是保民生保就业的一项重要工作。2021年，我国农民工总量高达29251万人，比上年增长2.4%。其中，外出农民工17172万人，增长1.3%；本地农民工12079万人，增长4.1%。既要发挥大中城市经济发展对就业带动作用，也要发展新就业形态、培育新产业、拓展新岗位，促进农民就近就业创业，农忙时依靠农业经营、产业发展有经营性收益，农闲时依靠兼业打工有工资性收入，拓展多种收入来源，稳定提高农村居民、农民工的收入水平。

稳妥推进乡村建设。乡村建设是全面推进乡村振兴的重要抓手，是改善农村生活设施、公共服务、发展条件和促进农民物质生活、精神文明走向现代化的重要体现，是从民生基础领域补齐农村短板、缩小城乡差距、促进城乡均衡协调发展的切入点。农民是乡村振兴、乡村建设的主体，乡村建设主要是为农民而建，要尊重农民意愿，坚持自下而上，让农民积极参与；坚持数量服从质量、进度服从实效，从客观实际出发，满足农民实际需求。持续改善农村人居环境，推进绿色发展，重点抓好农村改厕、生活污水治理和资源化利用、生活垃圾分类治理和废弃物综合处置利用，强化农村公路、供水、电网、清洁能源等重点领域农村基础设施建设，推进以县城为载体的基本公共服务建设，加强普惠性、基础性和兜底性民生建设；立足数字经济时代，着眼乡村发展实际，拓展大数据、互联网在乡村建设应用，加快推动数字乡村。

突出实效改进乡村治理，加快补齐农村治理现代化短板。乡村治理是国家治理的基石，实现国家治理现代化难点在乡村。到2021年，我国有49.2万个村委会，4.98亿农村常住人口，占全国总人口的35.3%，2.92亿农村务工人员，相较过去一年减少了1.7万个村委会、1144万农村居住人口，增加691万农民工。此外，有部分城市人口到乡村休闲旅游、生态康养，乡村涉及人口数量多、村庄体量大，乡村因人口流动、结构调整与过去比发生较大变化，逐步从城乡二元结构向城乡融合发展转变，逐步从传统的乡土社会向现代化社会转变，伴随一些有文化、有技术、有能力的适龄劳动力人口离开乡村，乡村治理亟待破解难题，面临的挑战多，需要加强农村基层组织建设，突出抓好乡村治理，在推动农村精神文明建设和维护农村社会稳定上取得实效。

从"保什么、如何保"看全面推进乡村振兴的主体责任和保障措施

抓好全面推进乡村振兴的人、地、钱三项保障措施。在"人"的保障方面，要解决好"乡村人口老龄化、人才匮乏、留不住人才"的问题，就要加强乡村振兴人才队伍建设。要发现、培养使用农业领域战略科学家，加快培养科技领军人才、青年科技人才和高水平创新团队，实施高素质农民培育计划、乡村产业振兴带头人培育等。要落实艰苦边远地区基层人才培养倾斜政策，提升县以下基层专业技术人员水平与完善评价体制；要培养乡村规划、设计、建设、管理专业人才和乡土人才。鼓励地方出台城市人才下乡服务乡村振兴的激励政策。在"钱"的保障方面，要解决好"钱从哪儿来"的问题，就要扩大乡村振兴投入、强化乡村振兴金融服务。要继续把农业农村作为一般公共预算优先保障领域，中央预算内投资进一步向农业农村倾斜，稳步提高土地出让收入用于农业农村的比例等；要对机构

法人在县域、业务在县域、资金主要用于乡村振兴的地方法人金融机构，加大支农支小再贷款、再贴现支持力度；支持各类金融机构探索农业农村基础设施中长期信贷模式。完善乡村振兴金融服务统计制度和开展考核评估，发展农户信用贷款；积极发展农业保险和再保险。优化完善"保险+期货"模式。强化涉农信贷风险市场化分担和补偿，发挥好农业信贷担保作用。在"地"的保障方面，要解决好如何推进"三块地"改革促发展问题。推进农村经济体发展，就要抓好农村改革重点任务落实。在承包地方面，开展第二轮土地承包到期后再延长30年试点。在宅基地方面，推进农村宅基地制度改革试点，规范开展房地一体宅基地确权登记。在建设用地方面，稳妥有序推进农村集体经营性建设用地入市。巩固提升农村集体产权制度改革成果，探索建立农村集体资产监督管理服务体系，探索新型农村集体经济发展路径。

坚持和加强党对"三农"工作的全面领导。一方面，压实全面推进乡村振兴责任，强化五级书记抓振兴。制定乡村振兴责任制实施办法，开展省级党政领导班子和领导干部推进乡村振兴战略实绩考核，完善市县党政领导班子和领导干部推进乡村振兴战略实绩考核制度，把握正确政策方向，切实改进工作作风，提升基层干部能力水平，增强"三农"政策水平和工作本领，把五级书记抓乡村振兴落到实处。另一方面，也要健全全面推进乡村振兴工作机制。在中央层面，已经形成由中央农村工作领导小组领导,中央农办、农业农村部、乡村振兴局协同的"三位一体"抓乡村全面振兴工作的格局,统筹协调发挥合力;把因地制宜,探索脱贫攻坚中良好有效经验做法借鉴推广应用到乡村振兴中,推动部门和地方齐发力,推动健全一揽子乡村振兴的推进机制,形成全社会共同参与乡村振兴的良好氛围。

(原载《红旗文稿》2022年第5期)

扎实推进宜居宜业和美乡村建设

杨春华

农业农村部农村经济研究中心副主任

党的二十大报告提出:"统筹乡村基础设施和公共服务布局,建设宜居宜业和美乡村。"2022年12月,习近平总书记在中央农村工作会议上强调:"农村现代化是建设农业强国的内在要求和必要条件,建设宜居宜业和美乡村是农业强国的应有之义。"这是以习近平同志为核心的党中央坚持把乡村建设摆在社会主义现代化建设的重要位置,正确处理工农城乡关系作出的重大战略部署,为今后一个时期我国建设什么样的乡村、怎样建设乡村指明了方向。

一、统筹乡村基础设施和公共服务布局

基础设施和公共服务是宜居宜业和美乡村建设的重要内容,是农民群众获得感、幸福感、安全感的基础支撑。党的十八大以来,以习近平同志为核心的党中央坚持把基础设施建设的重点放到农村,推动公共服务向农村覆盖,深入推进城乡一体化发展,农村基础设施条件和公共服务水平不断改善。据对全国农村固定观察点村调查推算,截至2021年,农村饮水安全和便捷状况持续提升,直接使用自来水农户比重超过85%。农村用电条件显著改善,完成电网升级改造村庄比重超过90%,动力

电满足生产需求村庄比重达到95%。农村道路状况持续改善，村内硬化道路比重达到87.5%。村庄基本实现干净整洁有序。农村公共服务供给保障能力不断提高，供给状况不断改善；其中，农村基本医疗状况稳步改善，乡村医疗机构和人员"空白点"基本消除，乡村执业医生数量稳步上升，参加城乡居民基本医疗保险的村民比重已超过90%。农村养老保障状况显著改善，有养老院的村庄比重持续增长，参加集中养老人员的数量逐步增加，参与城乡居民基本养老保险的村民比重逐年上升。

与农民群众日益增长的美好生活需要相比，我国农村基础设施和公共服务还存在一些突出短板和薄弱环节，仍然是现阶段城乡差距大的最直观表现。在农村基础设施方面，据对全国固定观察点村调查，丘陵地区和山区超过5%的村庄存在缺水状况，超过10%的村内道路没有硬化，近三成的农户没有用上卫生厕所，近六成的生活污水尚未得到有效处理。在农村公共服务方面，农村教育、医疗、养老等公共服务水平与城镇比仍有较大差距。比如，当前城镇退休人员基本养老金已达每人每月平均3326元，农民参加的城乡居民基本养老保险每人每月平均仅约180元。

全面建设社会主义现代化国家，既要建设繁华的城市，也要建设繁荣的农村。当前，扩大国内需求，改变农村面貌，农村欠账还很多，投资空间很大。切实加强农村基础设施和公共服务建设，既可以不断缩小城乡发展差距，又可以有效扩大内需。一是聚焦普惠性、兜底性、基础性民生短板。突出水、电、路等事关农村民生的基础要件，聚焦防疫、养老、教育、医疗等农民群众急难愁盼事项，统筹农村基础设施和公共服务布局，优先建设既方便生活又促进生产的项目。因地制宜推进农村改厕、生活垃圾处理和生活污水治理，逐步提高农村人居环境舒适度。加大县乡村公共服务资源统筹配置力度，强化县域综合服务能力，把乡镇建成服务农民的区域中心，推动形成县乡村功能衔接互补的发展格局。二是坚持公平和适度原则，强化分类指导。我国地域面积广阔，各地差异较大，统筹推进农村基础设施和公共服务布局，必须坚持因地制宜、分类推进，既不好高骛远，也不因循守旧。要尽力而为、量力而行，在发展中保障和改善民生。要顺应村庄、人口演变趋势和发展规律，根据不同村庄的发展现状、区位条件、资源禀赋等，按照集聚提升、融入城镇、特色保护、搬迁撤并的村庄类型，规划先行，分类推进，不搞"一刀切"。三是优化政策措施，健全推进机制。加快完善农村基础设施和公共服务协同推进机制，加强统筹协调和配合。健全制度标准和评价体系，研究出台宜居宜业和美乡村建设指南，明确农村基本具备现代生活条件的要件要求。坚持乡村建设为农民而建，坚持求好不求快，干一件成一件。充分发挥农民主体作用，建立健全自下而上、村民自治、农民参与的实施机制，真正让农民满意。

二、完善中国特色乡村治理体系

乡村治理事关党在农村的执政根基和农村社会稳定安宁，是建设宜居宜业和美乡村的重要内生动力。习近平总书记强调："要完善党组织领导的自治、法治、德治相结合的乡村治理体系，让农村既充满活力又稳定有序。"各地深入贯彻落实党中央决策部署，切实加强基层党组织建设，不断完善自治、法治、德治相结合的乡村治理体系，乡村治理取得明显成效。农村基层党组织不断加强，村班子结构特别是带头人队伍实现整体优化，村党组织书记大专以上学历占46.4%，比2020年换届前提高19.9个百分点。深化党建引领村民自治实践，村级民主决策机制不断健全，村级议事协商不断制度化、规范化、程序化。注重德润人心、以德治村，有效发挥道德模范引领作用，各级各地组织评选"身边好人""星级文明户""道德模范"等活动，弘扬尊老爱幼、家庭和睦、团结邻里的传统美德。全国县级以上文明村、文明乡镇占比分别超过65%、80%。各地积极推进乡村治理创新，积分制、清单制成为乡村治理的有效抓手。

当前，我国城乡利益关系深刻调整，农村社会结构深刻变动，农民思想观念深刻变化。在新老问题交织、现代与传统碰撞、各种风险叠加的新形势下，乡村治理还面临一些突出问题亟待解决。建设宜居宜业和美乡村，需要不断加强和改善乡村治理，走中国特色乡村善治之路。一是强化基层党组织的关键作用。

乡村之治，关键在党。要健全党组织领导的乡村治理体系，把党的政治优势、组织优势、制度优势、工作优势真正转化为乡村治理效能。选好配强党支部书记，建立选派驻村第一书记工作长效机制。注重吸引高校毕业生、农村致富带头人、农民工、机关企事业单位优秀党员干部到村任职。二是完善自治、法治、德治相结合的乡村治理体系。培养农民主体意识，引导农民参与村庄公共事务。增强村民法律意识，努力形成办事依法、遇事找法、解决问题用法、化解矛盾靠法的法治型乡村秩序。增强乡村治理道德和文化支撑，深入挖掘农村优秀传统文化中的治理智慧，将千百年来传承的诚实守信、孝老爱亲、耕读传家、人与人和睦相处、人与自然和谐共生等优秀传统文化融入乡村治理实践，增强村民对村庄的认同感和归属感。三是调动农民参与乡村治理积极性。乡村治理，农民是主体。切实尊重农民主体地位，尊重农民意愿，保障农民权益。创新村民议事载体，丰富村民议事形式，让农民自己"说事、议事、主事"。

三、传承发展农村优秀传统文化

建设宜居宜业和美乡村，实现乡村由表及里、形神兼备地全面提升，必须坚持塑形和铸魂并重，坚持物质文明和精神文明一起抓，特别要注重提升农民精神风貌。近年来，各地坚持用社会主义核心价值观教育引导广大农民，不断创新平台、载体和抓手，加快培育文明乡风，丰富乡村文化生活，乡村社会文明程度和广大农民精神风貌不断提升。搭建新时代文明实践平台，新时代文明实践中心实现县乡村三级全覆盖，推进道德宣讲团等队伍阵地建设，深入开展新时代文明实践活动，营造崇德向善的社会氛围，有效提振农民群众精气神。深入推进移风易俗，倡导婚事新办、丧事简办等社会风尚。一些地方引导村民成立道德评议会、禁赌禁毒会、红白理事会等群众自治组织，高价彩礼、人情攀比、厚葬薄养等陈规陋习得到有效遏制。乡村文化生活不断丰富，农村优秀传统文化在保护传承中发展。农村公共文化服务体系不断健全，村级综合性文化服务中心覆盖率达到96%，送戏下乡等农村公共文化产品供给不断增加，农民群众自发举办文化活动蓬勃开展。贵州省台江县台盘村篮球赛"村BA"、浙江省庆元县月山村"乡村春晚"等火遍全网。传统的农本思想、耕读传家塑造了我国灿烂的农耕文化，并通过农业景观、农事活动、农展节庆等载体得以不断传承。经党中央批准、国务院批复，自2018年起，将每年秋分日设立为"中国农民丰收节"，成为亿万农民庆祝丰收、享受丰收的节日，汇聚了人们对那座山、那片水、那块田的情感寄托。全国6819个村落列入中国传统村落保护名录，认定138项中国重要农业文化遗产，全球重要农业文化遗产达到19个，居世界第一，世界灌溉工程遗产达30处。

近年来，各地创新传承发展农村优秀传统文化方式和载体，取得了明显成效，但也面临一些挑战和问题。比如，农村思想阵地有待进一步强化，陈规陋习尚未得到有效遏制，农村文化人才短缺，市场化力量对传统农耕文化冲击等。

我国传统农耕文化凝聚着乡土之美、人文之美，是中国特色和美乡村的神和魂，是和美乡村建设的重要精神力量。新形势下传承发展传统农耕文化，要始终贯彻中国"和"文化的理念，坚持绵绵用力、久久为功。一是持续涵育文明乡风。充分利用新时代文明实践中心平台，整合现有基层公共服务阵地资源，打造理论宣讲、教育服务和文化服务平台，积极开展传思想、传道德、传文化等活动。创新爱国卫生运动方式方法，教育引导农民群众养成良好卫生习惯和生活方式。深入开展移风易俗活动，破除大操大办、铺张浪费等陈规陋习。有效发挥村规民约作用，推进移风易俗、成风化俗，不断提升农民精神风貌，使文明乡风、良好家风、淳朴民风在广大农村蔚然成风。二是丰富乡村文化生活。加大农村公共文化服务投入，支持建设农村文化礼堂、文化广场，支持农民自发组织富有农耕农趣农味的文化体育活动，增加体现和谐和顺和美的乡村文化产品和服务供给，让农民愿参与、能参与、乐参与。三是保护农业文化遗产、传承和发展优秀传统文化。实施农村优秀传统文化保护传承行动，保护好文物古迹、传统村落、民族村寨、传统建筑、农业遗迹等。加强农业文化遗产展示宣传和转化创新，因地制宜发展农文旅融合新业态，拓展农业多种功能，实现乡村多元价值。

深入挖掘农村优秀传统文化蕴含的优秀思想观念、人文精神、道德规范，充分发挥凝聚人心、教化群众、淳化民风的重要作用。

四、加快县域城乡融合发展

建设宜居宜业和美乡村，不能就乡村论乡村，要强化以工补农、以城带乡，加快形成工农互促、城乡互补、协调发展、共同繁荣的新型工农城乡关系。党的十八大以来，以习近平同志为核心的党中央坚持农业农村优先发展，不断建立健全城乡融合发展体制机制和政策体系，我国城乡融合发展取得重大进展。城镇化水平不断提升，2021年，全国常住人口城镇化率达到64.7%，比2012年提高12.1个百分点。户籍人口城镇化率46.7%，比2012年提高11.7个百分点。城乡居民收入与生活差距持续缩小，2012年以来，农村居民人均收入实现持续较快增长，增速持续高于城镇居民，城乡居民收入比由2012年的2.93∶1缩小到2021年的2.5∶1。农村居民生活水平显著提高，2012—2021年，农村居民人均消费由6667元增加到15916元，年均增速10.2%，快于同期城镇居民人均消费增速3.6个百分点；农村居民恩格尔系数明显下降，由2012年的39.3%下降到2021年的32.7%，下降了6.6个百分点。

近年来，各地在推进城乡融合发展诸多方面进行了积极探索，实现了一定突破，但仍存在一些障碍和壁垒。比如，城乡公共服务质量仍存在一定差距，进城务工农民市民化质量不高，持续缩小城乡居民收入差距缺乏内生动力，等等。

　　县域是我国地理单元和行政层级中非常重要的一环，以县域为基本单元推进城乡融合发展，既有利于发挥县城连接城市、服务乡村作用，增强对乡村的辐射带动能力，促进县城基础设施和公共服务向乡村延伸覆盖；又有利于引导农业转移人口实现就地就近就便城镇化，有效降低城镇化成本和阻力，优化城乡空间格局，推动乡村要素合理聚集，加快宜居宜业和美乡村建设进程。推进县域城乡融合发展，一是加快破除城乡二元结构。切实落实农业农村优先发展总方针，破除妨碍城乡要素平等交换、双向流动的制度壁垒，促进发展要素、各类服务更多下乡，加快推进县域内城乡要素配置合理化、城乡公共服务均等化、城乡产业发展融合化。二是充分尊重群众意愿。要妥善处理好政府推动与农民选择之间的关系，依法保障农民的农村土地承包权、宅基地使用权、集体收益分配权，畅通相关权益退出渠道。对于不愿退出相关权益或者不愿意改变现有居住条件的农户，应充分尊重其个人意愿，不能强迫农民上楼，并保障其在水、电、路等方面的生活条件不受损。三是尊重乡村与城镇和而不同。统筹推进宜居宜业和美乡村建设和城镇化建设，保护好传统村落和农耕文化，努力实现城镇让生活更美好、乡村让人们更向往，做到城镇与乡村各美其美、协调发展。

（原载《红旗文稿》2023年第3期）

守好"三农"基本盘 全面推进乡村振兴

郑有贵

中国社会科学院当代中国研究所经济史研究室主任、研究员全面推进乡村振兴、加快建设农业强国是党中央着眼全面建成社会主义现代化强国全局作出的战略部署。《中共中央国务院关于做好二〇二三年全面推进乡村振兴重点工作的意见》（以下简称2023年中央一号文件）指出："世界百年未有之大变局加速演进，我国发展进入战略机遇和风险挑战并存、不确定难预料因素增多的时期，守好'三农'基本盘至关重要、不容有失。"表达了党中央加强"三农"工作的鲜明态度和坚定决心，向全社会发出重农强农的强烈信号。完成以中国式现代化全面推进中华民族伟大复兴的使命任务，要从国情农情出发，答好全面推进乡村振兴、建设农业强国、建设宜居宜业和美乡村的时代命题。

一、举全党全社会之力全面推进乡村振兴

党的二十大报告及2023年中央一号文件强调："全面建设社会主义现代化国家，最艰巨最繁重的任务仍然在农村。"这是对新时代"三农"工作形势的清醒认识，是在告诫全党全社会，要正视工业化、城镇化进程中农村在基础设施、公共服务、社会治理存在短板的问题，针对农业农村发展相对滞后于工业

城镇这一世界普遍存在的问题，面对农村人口多和人均耕地少的国情，要解决好城乡发展不平衡、农村发展不充分问题需要付出更大的努力，要攻坚克难，始终坚持把解决好"三农"问题作为全党工作重中之重，发挥社会主义制度优势，举全党全社会之力全面推进乡村振兴。

让乡村振兴成为全党全社会的共同行动。习近平总书记多次强调，各地区各部门要把实施乡村振兴战略摆在优先位置，让乡村振兴成为全党全社会的共同行动。2019年6月，中共中央政治局会议审议通过《中国共产党农村工作条例》，以党内法规形式把党领导农村工作的传统、要求、政策等确定下来，明确了新时代党加强对农村工作领导的指导思想、原则要求、工作范围和对象、主要任务、机构职责、队伍建设等，完善了党全面领导"三农"工作的体制和工作机制。空谈误国，实干兴邦。2021年4月，十三届全国人大常委会第二十八次会议通过《中华人民共和国乡村振兴促进法》，为聚集全社会力量全面推进乡村振兴提供了法律保障。2022年10月，习近平总书记在陕西延安考察时指出，全面推进乡村振兴，把富民政策一项一项落实好，加快推进农业农村现代化，让老乡们生活越来越红火。习近平总书记在2022年底召开的中央农村工作会议上强调，要坚持党领导"三农"工作原则不动摇，健全领导体制和工作机制，为加快建设农业强国提供坚强保证。要坚持五级书记抓乡村振兴，县委书记要当好"一线总指挥"。守好"三农"基本盘，端牢中国人饭碗，已经成为全社会共识。

从重塑工农城乡关系的广阔视野全面推进乡村振兴。新中国成立以来，特别是新时代十年来，中国共产党探索工农城乡发展规律，保持历史耐心，注重处理好工农城乡关系和夯实农业农村基础的战略定力，着力破解农业农村发展滞后于工业城镇的"一条腿短、一条腿长"问题。2018年9月，习近平总书记主持党的十九届中央政治局第八次集体学习时指出，在现代化进程中，如何处理好工农关系、城乡关系，在一定程度上决定着现代化的成败。我国作为中国共产党领导的社会主义国家，应该有能力、有条件处理好工农关系、城乡关系，顺利推进我国社会主义现代化进程。党的十九大提出实施乡村振兴战略，就是为了从全局和战略高度来把握和处理工农关系、城乡关系。新时代十年来，我们党进一步明确并加快形成以"工农互促、城乡互补、协调发展、共同繁荣"为内涵的新型工农城乡关系。

推动形成全面推进乡村振兴的政策合力和工作合力。习近平总书记在2022年底召开的中央农村工作会议上指出，全面推进乡村振兴是新时代建设农业强国的重要任务，人力投入、物力配置、财力保障都要转移到乡村振兴上来。2023年中央一号文件从体制机制上对保障投入、人才等方面作出安排，把农业农村作为一般公共预算优先保障领域，压实地方政府投入责任，健全政府投资与金融、社会投入联动机制，鼓励将符合条件的项目打捆打包按规定由市场主体实施，撬动金融和社会资本按市场化原则更多投向农业农村，从健全多元投入机制上保障乡村振兴的投入；培养乡村本土人才，有序引导大学毕业生到乡、能人回乡、农民工返乡、企业家入乡，让其留得下、能创业，从培养和引进相结合上加强乡村人才队伍建设。

二、立足国情农情建设农业强国

习近平总书记在2022年底召开的中央农村工作会议上强调，强国必先强农，农强方能国强。没有农业强国就没有整个现代化强国；没有农业农村现代化，社会主义现代化就是不全面的。农业强国是社会主义现代化强国的根基，满足人民美好生活需要、实现高质量发展、夯实国家安全基础，都离不开农业发展。要锚定建设农业强国目标，切实抓好农业农村工作。2023年中央一号文件强调，建设供给保障强、科技装备强、经营体系强、产业韧性强、竞争能力强的农业强国，这是对农业强国内涵的科学把握。建设农业强国要体现中国特色，立足我国国情，立足人多地少的资源禀赋、农耕文明的历史底蕴、人与自然和谐共生的时代要求，走自己的路，不简单照搬国外发展农业的现代化模式。

立足人多地少的资源禀赋，创新农业经营体制机制。建设农业强国的一个重要命题是如何基于大国小农的国情，创新农业经营体制机制。习近平总书记在2022年底召开的中央农村工作会议上强调，要依托双层经营体制发展农业，扎实推进共同富裕。在经营制度创新上，要基于中国式现代化是全体人民共同富裕的现代化本质要求，坚持农村土地集体所有和发展壮大农村集体经济的方向，把强化集体所有制根基、保障和实现农民集体成员权利同激活资源要素统一起来，搞好农村集体资源资产的权利分置和权能改革，让广大农民在改革中分享更多成果。2023年中央一号文件对稳步推进第二轮土地承包到期后再延长30年试点作出部署。对实行家庭承包经营制度初期形成农户承包地细碎化的历史遗留问题，2023年中央一号文件明确提出，要在农民自愿前提下，结合农田建设、土地整治，总结地方"小田并大田"等经验，逐步加以解决。这强调了"小田并大田"不能一哄而起。对为数众多的农户经营规模小的问题，要正视其存在的必然性、局限性和积极意义，充分认识到小农户家庭经营在很长一段时间内是中国农业基本经营形态、具有较强发展韧性及传承优秀传统文化的功能。在农业生产经营规模上坚持宜大则大、宜小则小，统筹兼顾培育新型农业经营主体和扶持小农户，既把准发展适度规模经营是建设农业强国必由之路的前进方向，发挥其在现代农业建设中的引领作用；又服务小农户、提高小农户、富裕小农户，因地制宜地做好小规模农业的现代化这一中国式农业农村现代化进程中的特定课题，使小农户能够共同迈向现代化。习近平总书记强调，要尊重农民意愿、保障农民权益，防止土地过度集中到少数人手里，防止土地用途发生根本性变化，造成农村贫富差距过大。要让农民成为土地适度规模经营的积极参与者和真正受益者。2023年中央一号文件就此进一步作出制度安排，要求"健全社会资本通过流转取得土地经营权的资格审查、项目审核和风险防范制度，切实保障农民利益。"在促进土地流转发展规模经营时，既注重提高效率，又注重增进农民权益。

立足农耕文明的历史底蕴，发挥耕读文化在建设农业强国中的软实力优势。中国创造了中华农耕文明，这一深厚历史底蕴是中国式农业农村现代化的基础。习近平总书记强调，"中华文明根植于农耕文明"，"要深入挖掘、继承、创新优秀传统乡土文化"。2023年中央一号文件连续多年对传承保护农耕文化作出安排，明确要"深入实施农耕文化传承保护工程，加强重要农业文化遗产保护利用"的举措。

在中国式农业农村现代化推进中赓续农耕文明，弘扬敦亲睦邻、诚信重礼等乡风民俗，使乡村更具人文魅力，更好地把耕读文明这一软实力优势发挥出来，促进农业的文化传承、休闲观光等功能拓展提升和乡村资源价值提升，进而增强农业竞争力和激发建设农业强国的动能。

立足人与自然和谐共生，促进生态美、农业强、百姓富的统一。习近平总书记在2017年底召开的中央农村工作会议上指出，必须坚持人与自然和谐共生，走乡村绿色发展之路。党的二十大报告将人与自然和谐共生明确为中国式现代化的中国特色和本质要求之一，强调扎实推动乡村生态振兴。习近平总书记在2022年底召开的中央农村工作会议上强调，要立足人与自然和谐共生，发展生态低碳农业。良好的生态环境是农村最大优势和宝贵财富。新时代的乡村不仅是农村居民繁衍生息的家园，也是城市居民文化体验、休闲娱乐、养老养生的"后花园"。立足人与自然和谐共生，推进农业绿色发展，满足人民对优美生态环境的需要，实现生态美、农业强、百姓富相互促进，是农业发展的一场深刻革命。

立足人口大国，保障粮食和重要农产品安全供给这一头等大事。党的二十大报告强调全方位夯实粮食安全根基，树立大食物观，构建多元化食物供给体系。2023年中央一号文件强调要坚决守牢粮食安全底线，对保障粮食和重要农产品稳定安全供给的措施作出安排。习近平总书记多次强调粮食安全是"国之大者"，要依靠自己力量端牢饭碗。这是在全球化新格局下夯实人口第一大国发展之基的战略要求，是不同于传统社会的重粮观，是对治国理政中粮食安全方位认识的深化和创新，回答了新时代如何全方位夯实粮食安全根基、建设农业强国的时代命题。

三、建设宜居宜业和美乡村

建设由表及里、形神兼备的宜居宜业和美乡村，是中国式农业农村现代化的重要目标。以习近平同志为核心的党中央从建设社会主义现代化国家的全局和战略高度出发，着力解决城乡发展不平衡、乡村发展不充分问题，2023年中央一号文件对扎实推进宜居宜业和美乡村建设作出安排。习近平总书记在2022年底召开的中央农村工作会议上指出，农村现代化是建设农业强国的内在要求和必要条件，建设宜居宜业和美乡村是农业强国的应有之义。建设宜居宜业和美乡村是乡村建设目标的丰富和提升，是聚集乡村全面振兴和农业强国建设不可或缺的重要因素，是中国式农业农村现代化的重要组成部分。建设宜居宜业和美乡村是一项长期任务，需要系统推进乡村实现由表及里、形神兼备的全面提升，既增强乡村的"外在美"又增强乡村的"内在美"，统筹乡村经济价值、文化价值、生态价值的协调提升，以增强乡村发展聚集力和内生动力，形成加快推进实现中国式农业农村现代化。

着力实现"农村基本具备现代生活条件"目标。党的十八大以来，以习近平同志为核心的党中央着力解决农民群众急难愁盼问题，农村生产生活条件持续改善。尽管如此，农村基础设施和公共服务体系仍然是现代化的短板，与农民群众日益增长的美好生活需要还有差距。党的二十大报告从解决现代化中的农村短板出发，提出了到 2035 年"农村基本具备现代生活条件"的目标，要求统筹乡村基础设施和公共服务布局。习近平总书记在 2022 年底召开的中央农村工作会议上指出，要瞄准"农村基本具备现代生活条件"的目标，组织实施好乡村建设行动，特别是要加快防疫、养老、教育、医疗等方面的公共服务设施建设，提高乡村基础设施完备度、公共服务便利度、人居环境舒适度，让农民就地过上现代文明生活。

协调推进乡村塑形和铸魂。中国式现代化是物质文明和精神文明相协调的现代化。中国式农村现代化在因地制宜打造各具特色的现代版"富春山居图"、实现"物"的现代化的同时，要立足人与自然和谐共生、特色历史文化资源，加强精神文明建设，丰富农民的精神世界，把"富口袋"与"富脑袋"、塑形与铸魂统一起来，促进农民全面发展。

扎实推进乡村文化振兴。习近平总书记强调"走乡村文化兴盛之路"。党的二十大报告指出"扎实推动乡村文化振兴"。乡村缺乏聚集力和精神动力的重要因素之一是乡村文化衰退。优秀乡村文化能够提振农村精气神，增强农民凝聚力，孕育良好社会风尚。扎实推进乡村文化振兴，重铸乡魂，提升乡村发展能力。

促进乡村善治。习近平总书记在 2022 年底召开的中央农村工作会议上强调，要完善党组织领导的自治、法治、德治相结合的乡村治理体系，让农村既充满活力又稳定有序。要加强农村精神文明建设，加强法治教育，推进移风易俗，引导农民办事依法、遇事找法、解决问题用法、化解矛盾靠法，自觉遵守村规民约。中国式农业农村现代化要破解以"散"为特征的错综复杂的新情况新问题，推进乡村治理体系和治理能力现代化，在滋润人心、德化人心、凝聚人心上下功夫，促进中国农村社会朝着充满活力又和谐有序方向发展，绘就和美乡村新画卷。

（原载《红旗文稿》2023年第5期）

扎实推动乡村组织振兴

郑有贵

中国社会科学院当代中国研究所经济史研究室主任、研究员党的二十大报告强调："全面推进乡村振兴。""加快建设农业强国,扎实推动乡村产业、人才、文化、生态、组织振兴。"促进乡村振兴要统筹谋划,科学推进。习近平总书记强调："推动乡村组织振兴,建立健全现代乡村社会治理体制,确保乡村社会充满活力、安定有序。"扎实推动乡村组织振兴,既是全面推进乡村振兴的重要组成部分,也是乡村振兴的组织体系保障。"胜非其难也,持之者其难也。"坚决守住防止规模性返贫底线,巩固拓展脱贫攻坚成果,全面推进乡村振兴,需要以乡村组织振兴为引领,从宏观层面发挥制度优势,以增强乡村内生发展能力。

以习近平同志为核心的党中央明确了中国特色乡村组织振兴的方向和实现路径。乡村组织振兴是乡村组织体系的系统构建,要建立和完善以党的基层组织为核心、村民自治和村务监督组织为基础、集体经济组织和农民合作组织为纽带、各种经济社会服务组织为补充的组织体系。构建这一组织体系,夯实乡村有效治理这一根基,要以乡村全面振兴为目标,以保障和改善农村民生为优先方向,提高乡村善治水平,让农民得到更好的组织引领、社会服务、民主参与,确保乡村社会充满活力、安定有序。这是发挥中国特色社会主义制度和国家治理体系显著优势创造的中国特色乡村组织振兴方案。

把增强政治功能和组织功能作为打造坚强农村基层党组织的着力点

党的二十大报告指出："全面建设社会主义现代化国家、全面推进中华民族伟大复兴，关键在党。""……坚持党的全面领导是坚持和发展中国特色社会主义的必由之路……"党政军民学，东西南北中，党是领导一切的。坚持和完善党对农村工作的全面领导，打造坚强的农村基层党组织，是全面推进乡村振兴的政治保障。无论各类经济社会组织怎么样发育成长，也无论农村社会结构怎么样变化，农村基层党组织始终是农村各个组织和各项工作的领导核心，其核心领导地位不容动摇、战斗堡垒作用不容削弱。把党对乡村治理的领导落实到健全乡村治理体系中，确保党在乡村治理工作中始终总揽全局、协调各方，确保中国特色社会主义农业农村现代化建设正确方向，把广大农民群众紧紧团结在基层党组织周围，齐心协力全面推动乡村振兴，是走中国特色社会主义乡村振兴道路的内在要求。

打造坚强农村基层党组织要以增强其政治功能和组织功能为着力点。提衣提领子，牵牛牵鼻子。党的二十大报告指出："增强党组织政治功能和组织功能。严密的组织体系是党的优势所在、力量所在。""坚持大抓基层的鲜明导向，抓党建促乡村振兴……推进以党建引领基层治理,持续整顿软弱涣散基层党组织,把基层党组织建设成为有效实现党的领导的坚强战斗堡垒。"农村基层党组织是党直接联系农民群众的纽带,是党的理论和路线方针政策在农村实施的直接执行者,是实施乡村振兴战略中"最后一公里"的关键。只有把农村基层党组织建设摆在更突出的位置来抓,解决好农村特别是脱贫地区农村基层党组织弱化、虚化、边缘化问题,打造坚强的农村基层党组织,培养优秀的农村基层党组织书记,增强农村基层党组织政治功能和组织功能,才能把农村基层党组织建设成为宣传党的主张、贯彻党的决定、领导基层治理、团结动员群众、推动改革发展的坚强战斗堡垒,更好发挥党员先锋模范作用,凝聚广大基层党员和群众的思想、行动、力量、智慧,形成全面推动乡村振兴的磅礴力量。

因地制宜创新拓展农村基层党组织对农村工作全面领导的实现路径。首先,探索完善坚持和加强农村基层党组织对农村各类组织和各项工作全面领导的体制机制。通过法定程序实现党组织书记担任村民委员会主任和农村集体经济组织、合作经济组织负责人,推进村"两委"班子成员交叉任职,从体制机制上确保村党组织对农村各个组织和各项工作的全面领导。其次,推进党组织全覆盖。在以村为主设置党组织的基础上,将党组织覆盖到各乡村产业组织和农民工聚居地等,以适应农村经济社会结构变化和群众生活方式、就业方式等多样化趋势,更好发挥基层党组织引领农村各项事业发展的作用。再次，探索提升农村基层党组织引领乡村全面振兴能力的有效实现路径。如一些地方在设置村党组织基础上，在一定特色区域跨村共建、区域联动，将分散的村庄统筹谋划，创建党建引领乡村振兴融合发展区，构建以党建融合发展区党委（党总支）为核心、辖区村（企）党支部为支撑、特色党支部为拓展的组织体系，统领区域内各领域党的建设，能够统筹盘活区域内资源，推动区域内组团融合发展，进而把农村基层党组织的政治功能、组织功能更好发挥出来。

把引领农民朝着共同富裕方向前进作为农村经济组织振兴的着力点

党的二十大报告指出："中国式现代化是全体人民共同富裕的现代化。"将实现全体人民共同富裕明确为中国式现代化的本质要求之一，强调扎实推进共同富裕。壮大农村集体经济，是引领农民实现共同富裕的重要途径。振兴引领农民朝着共同富裕方向前进的农村经济组织，既要振兴农民合作组织，还要振兴集体经济组织，实现两类组织互补互促。农村集体经济组织有其他经济组织不具备的功能，不仅能够联结龙头企业，促进乡村产业振兴和农民增收，保障国有资产不流失，而且能够在促进农村经济、政治、文化、社会、生态文明全面协调发展上发挥不可替代和不可或缺的作用。这是中国乡村治理的特色和优势，是中国创造世所罕见的经济快速发展奇迹和社会长期稳定奇迹不可或缺的重要因素之一。

党的二十大报告强调："巩固和完善农村基本经营制度，发展新型农村集体经济。"促进农村特别是脱贫地区农村集体经济组织振兴，需要切实解决农村集体经济发展中遇到的困难，在拓宽集体经济发展路径上进行探索创新。一是在探索集体经济发展有效实现路径上，发挥村党组织对集体经济组织的领导作用，防止内部少数人控制和外部资本侵占集体资产，通过巩固和完善集体经济股份合作改造成果、推广"三变改革"和党支部领办合作社等，因地制宜促进集体经济组织制度创新，增强集体经济的活力、聚集力和发展能力。二是强化和优化乡村发展支持政策，以增强集体经济的凝聚力和内生发展能力为落脚点，遴选具有较强经营能力的人才驻村帮助发展集体经济，探索实行职业经理聘用制度以提升集体经济经营发展能力，支持集体与成员建立起更紧密的利益联结机制，支持有条件的村由"搭船"发展向自我"造船"发展转变，把集体经济做实做强。三是在民法典赋予农村集体经济组织以"特别法人地位"的基础上，制定专门法律制度，从法律上规范其运行，促进其发展壮大。

把促进向上向善和凝心聚力作为乡村自治组织健康发展的着力点

习近平总书记强调，走乡村善治之路。健全自治、法治、德治相结合的乡村治理体系，是实现乡村善治的有效途径。要以党的领导统揽全局，创新村民自治的有效实现形式，推动社会治理和服务重心向基层下移。要丰富基层民主协商的实现形式，发挥村民监督的作用，让农民自己"说事、议事、主事"，做到村里的事村民商量着办。促进乡村自治组织健康发展，要以促进向上向善和凝心聚力全面推进乡村振兴为着力点。

以发展全过程人民民主促进向上向善和凝心聚力。党的二十大报告指出："全过程人民民主是社会主义民主政治的本质属性，是最广泛、最真实、最管用的民主。""基层民主是全过程人民民主的重要体现。健全基层党组织领导的基层群众自治机制，加强基层组织建设，完善基层直接民主制度体系和工作体系，增强城乡社区群众自我管理、自我服务、自我教育、自我监督的实效。"乡村治理要突出农民群众的参与，解决好农民群众参与乡村治理缺乏积极性的"干部干、群众看"现象。完善村党组织领导的村民自治机制，使其始终充满活力，围绕激发乡村发展活力和化解农村社会矛盾，创新议事协商形式、拓宽议事协商范围、搭建多方主体参与平台。要深化村级议事协商创新实验，依托村民会议、村民代表会议、村民议事会、村民理事会、村民监事会等深化民主议事协商实践,对有实际需要的地方实行以村民小组或自然村为基本单元的村民自治,推进村务公开"阳光工程",创设民意汇集、民主协商、决策推进、矛盾化解等平台,丰富拓展农民参与民主议事协商途径,让村民有事敢开说、遇事多商量、好坏大家评,形成民事民议、民事民办、民事民管的多层次基层议事协商格局。

以德治促进向上向善和凝心聚力。党的二十大报告指出:"实施公民道德建设工程,弘扬中华传统美德,加强家庭家教家风建设,加强和改进未成年人思想道德建设,推动明大德、守公德、严私德,提高人民道德水准和文明素养。"坚持德治为先,把深入挖掘熟人社会蕴含的道德规范与自治、法治结合起来,推广道德评议会、文化娱乐理事会等社区性社会组织,发挥好村规民约的积极作用,推动礼仪之邦、优秀传统文化和法治社会建设相辅相成,培育文明乡风、良好家风、淳朴民风,聚集乡村振兴正能量。

以治理智能化促进向上向善和凝心聚力。党的二十大报告指出:"统筹乡村基础设施和公共服务布局,建设宜居宜业和美乡村。"用好现代信息技术,构建乡村数字治理平台,以线上线下相结合的方式推动农民群众多元参与,以数字化赋能,推动乡村治理智能化和服务精细化,确保乡村社会既充满活力又有序安定。

以强化服务促进向上向善和凝心聚力。通过推动资源、管理、服务下沉，完善农村基础设施建设和公共服务投入机制，按照有利于村级组织建设、有利于服务群众原则，规范村级组织代办或承接的政府工作事项，将适合村级组织代办或承接的工作事项交由村级组织，强化村级组织服务功能，不断完善共建共治共享机制，增强乡村振兴动能。

（原载《光明日报》2023年2月15日第6版）

全方位
夯实粮食安全根基

刘晓春

中国社会科学院民族学与人类学研究所研究员

李成贵

北京市农林科学院院长

"无农不稳,无粮则乱",粮食安全事关国运民生。党的十八大以来,以习近平同志为核心的党中央高度重视国家粮食安全,始终把解决好14亿多人的吃饭问题作为治国理政的头等大事。党的二十大报告强调:"全方位夯实粮食安全根基,牢牢守住十八亿亩耕地红线,确保中国人的饭碗牢牢端在自己手中。"习近平总书记在2023年第6期《求是》杂志刊发重要文章《加快建设农业强国 推进农业农村现代化》,指出:"农业强,首要是粮食和重要农产品供给保障能力必须强。这些年,我们依靠自己的力量端稳中国饭碗,14亿多人吃饱吃好。"习近平总书记关于粮食安全的重要论述为新时代新征程粮食安全、粮食生产指明了方向。我们要立足国内基本解决吃饭问题,始终坚持"藏粮于地、藏粮于技"战略,实行最严格的耕地保护制度,推动种业科技自立自强、种源自主可控,不断提高我国粮食综合生产能力,全方位夯实粮食根基,端牢中国饭碗。

一、粮食安全是"国之大者"

保障粮食安全是一个永恒的课题,"手中有粮、心中不慌"在任何时候都是真理。习近平总书记在2023年两会期间参加江苏代表团审议时强调:"农业强国是社会主义现代化强国的根基,推进农业现代化是实现高质量发展的必然要求。要严守耕地红线,稳定粮食播种面积,加强高标准农田建设,切实保障粮食和重要农产品稳定安全供给。"对我们这样一个有着14亿多人口的大国来说,农业基础地位任何时候都不能忽视和削弱。保障粮食安全,让人民群众吃饱吃好始终是我们党执政兴国的头等大事。

保障粮食和重要农产品稳定安全供给是建设农业强国的必然要求。粮食安全是农业强国的前提,建设农业强国是建设社会主义现代化强国的根基。全面建设社会主义现代化国家,最艰巨最繁重的任务仍然在农村,实现高质量发展、夯实国家安全基础,都离不开农业发展。习近平总书记指出:"强国必先强农,农强方能国强。没有农业强国就没有整个现代化强国;没有农业农村现代化,社会主义现代化就是不全面的。"当前,国际形势继续发生深刻复杂变化,世界百年未有之大变局和世纪疫情相互交织,国内改革发展稳定任务艰巨繁重,"三农"压舱石作用进一步凸显,保障粮食安全的任务十分艰巨。2023年中央一号文件对全力抓好粮食生产和重要农产品供给、守住保障国家粮食安全底线作出全面部署。我们要心怀"国之大者",筑牢国家粮食安全防线,把中国人的饭碗牢牢端在自己手中。

粮食安全为人民对美好生活的向往变为现实奠定坚实基础。吃饭问题是中国最大的民生,也是中国最大的国情。我国有14亿多人口,每天就要消耗70万吨粮、9.8万吨油、192万吨菜和 23 万吨肉。坚持以人民为中心的发展思想，必须从根本上解决好"吃饭"这个最大的民生问题。解决吃饭问题，不能光盯着有限的耕地，在吃饱的基础上更要吃得好，要树立大食物观。随着生活水平的提高，人们的食物需求更加多样化，习近平总书记指出："'吃饭'不仅仅是消费粮食，肉蛋奶、果菜鱼、菌菇笋等样样都是美食。"解决吃饭问题不能只依靠耕地，要通过向森林、草原、江河湖海等国土资源拓展，拓宽农业生产空间领域，多途径开发食物来源，构建粮经饲统筹、农牧渔结合、植物动物微生物并举的多元化食物供给体系，丰富人民群众的食品来源和供应，不断满足人民美好生活需要。

粮食安全为巩固拓展脱贫攻坚成果、全面推进乡村振兴提供支撑。粮食安全是推进乡村振兴的重要抓手。确保粮食安全、防止规模性返贫等底线，是巩固拓展脱贫攻坚成果、全面推进乡村振兴的主要工作。习近平总书记指出："一旦农业出问题，饭碗被人拿住，看别人脸色吃饭，还谈什么现代化建设？只有农业强起来，粮食安全有完全保障，我们稳大局、应变局、开新局才有充足底气和战略主动。"全面推进乡村振兴是新时代建设农业强国的重要任务，要把人力投入、物力配置、财力保障都转移到乡村振兴上来，全面推进乡村产业、人才、文化、生态、组织"五个振兴"。要认真贯彻落实中央一号文件部署要求，坚持农业农村优先发展，要抓紧抓好粮食和重要农产品稳产保供，这是防止规模性返贫的前提，也是做好乡村全面振兴各项工作的基石。2023年是全面贯彻落实党的二十大精神的开局之年，守好"三农"基本盘至关重要、不容有失。要深入贯彻落实习近平总书记关于做好粮食安全工作的重要论述，为全面建设社会主义现代化国家开好局起好步打下坚实基础。

二、新时代以来我国粮食安全工作取得重大成就

党的十八大以来，以习近平同志为核心的党中央把解决好14亿多人的吃饭问题作为治国理政的头等大事。习近平总书记立足世情国情粮情，高瞻远瞩、审时度势，提出"确保谷物基本自给、口粮绝对安全"的新粮食安全观，明确了国家粮食安全战略，就端牢"中国饭碗"提出了一系列重要论述。充分体现了以习近平同志为核心的党中央对粮食安全工作一以贯之的高度重视，为我们做好粮食安全工作指明了正确方向。新时代我们党团结带领全国人民共同努力奋斗，"三农"工作成就斐然，全方位夯实了我国粮食安全根基。

粮食产量稳中有升。在持续付出巨大努力之后，我国粮食综合生产能力得到显著提升。2015年至2022年，我国粮食总产量连续八年维持在1.3万亿斤以上，2022年达1.37万亿斤，创历史最高水平。目前，我国人均粮食占有量接近500公斤，超过人均400公斤的国际粮食安全标准线。中国人口占世界的近1/5，粮食产量约占世界的1/4。中国依靠自身力量端牢自己

的饭碗，实现了由"吃不饱"到"吃得饱"，直到"吃得好"的历史性转变。这既是中国人民自己发展取得的伟大成就，也是为世界粮食安全作出的重大贡献。

建立起了庞大的口粮储备体系。2022年我国拥有全球60%的大米储量和51%的小麦储量。农业农村部公开资料显示，我国稻谷、小麦两大主粮储备都超过了一年的口粮消费需求。2022年我国累计进口粮食14687万吨，其中进口大豆9108万吨。这说明粮食短缺是结构性的，相对于口粮而言，大豆对国家粮食安全影响并非实质性的。通过国际比较发现，我国人均进口量相对较小，对外依存度并不突出。联合国粮农组织数据显示，2022年我国粮食人均进口只有日本人均进口的1/2、韩国的1/3。总体而言，我国有连续多年的粮食丰收作为基础，也有充足的库存作保障，还有强大的资源动员能力，以生产体系、储备体系和进口体系这三大体系作支撑，我国粮食安全是有保障的。

保护耕地数量、提升耕地质量初见成效。耕地是粮食生产的"命根子"。习近平总书记强调："要严守耕地红线，稳定粮食播种面积，加强高标准农田建设，切实保障粮食和重要农产品稳定安全供给。"在耕地建设上，坚持实施"藏粮于地"战略，实行最严格的耕地保护制度，从逐步施行到全面落实永久基本农田特殊保护制度，防止耕地"非农化"和遏制耕地"非粮化"，明确了耕地和永久基本农田利用优先序；完善耕地占补平衡制度，由提质改造和数量补充相结合的占补方式转变为建立以数量为基础、产能为核心的占补新机制。从耕地等资源可持续利用角度，制定了《耕地草原河湖休养生息规划（2016—2030年）》，提出了耕地休养生息的阶段目标和政策措施。2017年发布了《全国国土规划纲要（2016—2030年）》，制定了2030年我国耕地数量保护与质量建设的目标和具体任务。2020年修订完善实施了《土地管理法》，2021年颁布了《土地管理法实施条例》，2022年印发《2023年东北黑土地保护性耕作行动计划技术指引》。到2022年底，全国累计建成10亿亩旱涝保收的高标准农田，保障粮食产能1万亿斤以上。

三、扎实做好粮食安全各项工作

一个国家只有立足粮食基本自给，才能掌握粮食安全主动权，进而掌控经济社会发展大局。国际上一有风吹草动，各国都会先捂住自己的"粮袋子"，对粮食等农产品出口采取限制措施。因此，必须未雨绸缪，始终绷紧粮食安全这根弦，坚持把确保重要农产品特别是粮食供给作为首要任务，把提高农业综合生产能力放在更加突出的位置，扎实做好粮食生产和粮食保障工作。

始终坚持"藏粮于地、藏粮于技"战略。习近平总书记指出，"把提高农业综合生产能力放在更加突出的位置，把'藏粮于地、藏粮于技'真正落实到位"。扎实落实最严格的耕地保护制度，严守18亿亩耕地红线。持续完善农田水利基础设施，扎实推进高产稳产的高标准农田建设,确保粮食产得出、产得优。持续加强耕地养护,稳步推进休耕轮作制度,结合耕地实际情况,及时调整种植结构,确保耕地质量不降低。坚决遏制耕地"非农化"、基本农田"非粮化"。要实现种业科技自立自强、种源自主可控。深化农业科技体制改革,强化企业创新主体地位,健全品种审定和知识产权保护制度,推动种业高质量发展。习近平总书记强调:"解决吃饭问题,根本出路在科技,必须下决心把我国种业搞上去。"目前,我国水稻、小麦的品种自给率为100%,玉米在95%左右,蔬菜为87%。我国农作物耕种收综合机械化率超过72%,农业科技进步贡献率达到61%。就畜牧业种业而言,除了蛋鸡外,我国与世界先进水平相比,整体差距十分明显。因此,我国的畜牧育种要坚持走引进改良为主之路,同时注重挖掘地方品种的优良性状基因。

进一步压实粮食安全工作责任。2019年,中共中央办公厅、国务院办公厅印发了《地方党政领导干部食品安全责任制规定》,进一步压实粮食安全工作责任,细化目标任务落实,层层传导压实责任。2022年,农业农村部下发通知,要求压紧压实粮食安全党政同责,确保粮食种足种满不撂荒。当前,我国进一步强化了粮食安全党政同责,主产区、主销区、产销平衡区要"饭碗一起端、责任一起扛",充分展现了资源动员能力强的体制优势。通过补贴扶持等政策,确保粮农收益,把国家的优先序转化为农民的自觉行动,转化为农民的生产经营选择行为。要严格落实耕地利用优先序，分类分级划分耕地用途，高标准农田原则上要全部用于粮食生产，对于一般耕地，应首先满足口粮和食用农产品生产用地需求，不得为追求经济效益在未保证粮食安全的前提下进行非食用农产品生产活动。

充分利用国内国际两个市场两种资源。中国粮食消费峰值即将到来，尽管口粮安全不存在问题，但我国人多地、少水缺，人均耕地面积和淡水资源分别仅占世界平均水平的1/3和1/4，满足全部农产品需求仍存在较大资源缺口，同时持续的高强度利用也给耕地资源造成巨大压力。既要立足国内，统筹优化布局，确保重要农产品特别是粮食供给，又要防范化解国际环境、国际贸易规则等变化给国内粮食安全带来的负面影响，还要发挥积极作用，促进全球农业发展，维护世界粮食安全。从国际资源看，世界范围粮食总量并不短缺，主要问题在于粮食的分配和可获得性方面。我国占世界农产品贸易总额的比重呈上升趋势，在世界农产品贸易格局中的地位不断提升。提高农产品贸易便利化水平，为农产品贸易进一步扩大创造了有利条件。坚定不移地致力于促进世界和平和多边贸易，携手合作实现互利共赢，国际资源和国际市场完全可以满足我国适度进口的需要，而且全球粮食出口商和生产商高度青睐中国市场。要着力培育中国自己的国际大粮商，解决好进口品种、进口来源、进口渠道问题。

提高农民种粮积极性。要健全机制，让农民种粮抓粮不吃亏得实惠。习近平总书记在2022年中央农村工作会议上指出：

"调动农民种粮积极性，关键是让农民种粮有钱挣。"农民种粮能赚钱，国家粮食就安全，"头等大事"才能真正落到实处。必须健全种粮农民收益保障机制和主产区利益补偿机制，让农民种粮有钱可赚，让主产区抓粮有积极性。粮食具有明显的准公共物品属性，兼具数量安全、质量安全、国家和人民主权三项国家安全职能，必须从国家政策层面加强支持保障力度。我国种粮生产成本高、效益低，不少地方甚至连年亏损，打击了农民种粮积极性，给国家粮食安全的持续性带来隐患。构建国家粮食安全体系必须和提高农民粮食收益相统一，综合实施补贴、奖励、金融等一揽子政策措施，创新经营方式，优化实施种粮收入补贴政策，强化金融保险政策支持，实现农业发展、粮食增产和农民增收协调发展。

做好节粮减损工作。习近平总书记指出："粮食安全是事关人类生存的根本性问题，减少粮食损耗是保障粮食安全的重要途径。"据联合国粮农组织统计，每年全球粮食从生产到零售全环节损失约占世界粮食产量的14%。可见，减少粮食损耗意义重大。目前，我国农作物耕种收综合机械化率达72%。要重视对播种机的正确操作，避免种子用量过大。在粮食收获环节精心操作，及时晾晒烘干，避免粮食变质。在储藏环节加强虫害防治。此外，餐饮企业加工、日常生活用餐都要避免浪费，让全社会牢固树立节约光荣，浪费可耻的观念。

（原载《红旗文稿》2023年第7期）

农业农村现代化是建设农业强国的根基

刘长全

中国社会科学院农村发展研究所研究员

没有农业农村现代化，中国的社会主义现代化就是不全面的。习近平总书记在参加十四届全国人大一次会议江苏代表团审议时强调："农业强国是社会主义现代化强国的根基，推进农业现代化是实现高质量发展的必然要求。"习近平总书记在2023年第6期《求是》杂志发表重要文章《加快建设农业强国 推进农业农村现代化》指出："农业强国是社会主义现代化强国的根基。农业是基础，基础不牢大厦不稳。无论社会现代化程度有多高，14亿多人口的粮食和重要农产品稳定供给始终是头等大事。"习近平总书记的重要讲话为做好当前及今后一个时期的"三农"工作提供了根本遵循，为加快推进农业农村现代化指明了方向。

一、充分认识加快推进农业农村现代化的重要意义

农业农村现代化是中国式现代化的重要组成部分。满足人民美好生活需要、实现高质量发展、夯实国家安全基础，都离不开农业农村发展。全面建设社会主义现代化国家，最艰巨最繁重的任务仍然在农村。受制于人均资源不足、底子薄、历史欠账较多等，"三农"仍然是经济高质量发展一个薄弱环节，

农业农村仍然是我国现代化建设的短板。同新型工业化、信息化、城镇化相比，农业农村现代化明显滞后。这是党中央强调全面推进乡村振兴、加快建设农业强国、加快推进新时代农业农村现代化的重要原因。习近平总书记的重要讲话为做好当前及今后一个时期的"三农"工作提供了根本遵循，为加快推进农业农村现代化指明了方向。

农业农村现代化是建设农业强国的必要条件。全面建设社会主义现代化国家，农业是基础、是支撑，更体现强国建设的速度、质量和成色。只有加快建设农业强国，才能更好满足人民群众丰富多样的粮食和重要农产品需求以及对乡村文化和绿水青山生态的物质和精神需求。习近平总书记强调："强国必先强农，农强方能国强。"纵观世界强国发展史，一个国家要真正强大，必须有强大农业作支撑。加快建设农业强国，意味着农业发展方式的创新、农业发展进程的提速。推进新时代农业农村现代化，不能照搬国外现代化模式，而是要体现中国特色，立足我国国情，依靠自己力量端牢中国饭碗，发展生态低碳农业，赓续农耕文明，扎实推进共同富裕。加快建设农业强国，抢抓新一轮科技革命有利时机，不断缩小在核心种源、关键装备等领域的差距，加快实现高水平农业科技自立自强，推动我国农业产业延链、补链、壮链、强链，向价值链中高端迈进。把坚持农民主体地位、增进农民福祉作为农村一切工作的出发点和落脚点，用新发展理念破解"三农"新难题，厚植农业农村发展优势，加大创新驱动力度，推进农业供给侧结构性改革，加快转变农业发展方式，保持农业稳定发展和农民持续增收，走产出高效、产品安全、资源节约、环境友好的农业农村现代化道路。

农业农村现代化是粮食与重要农产品稳定安全供给、满足人民美好生活需要的保障。我国是人口众多的大国，解决好吃饭问题始终是头等大事。在要素成本趋涨、土地资源有限的情况下，只有通过农业农村现代化不断提高农业劳动生产率、土地产出率和资源利用率，才能有效保障粮食和重要农产品稳定安全供给。通过设施装备的现代化和现代科技的应用，在现有资源条件下提高农业综合生产能力和农业防灾减灾能力，从而增强粮食和重要农产品供给能力、供给韧性。在加强耕地保护和用途管控、严守18亿亩耕地红线的基础上，通过高标准农田和水利设施等建设，实现农业设施条件现代化。通过发展大型智能农机装备、丘陵山区适用小型机械和园艺机械等，推动机械装备和农艺技术的现代化。通过深入实施种业振兴行动加快优良品种的研发和应用。通过现代科技，特别是颠覆性农业技术的发展与应用，扩展农业发展空间。主要基于作物品种、土壤改良技术、精准调控灌溉等技术的创新和应用，使得资源、区位等自然条件对农业生产的约束放松，盐碱地区、干旱半干旱地区、北部高寒低积温地区、都市地区等非传统种植空间的农业发展潜力都得到进一步发挥。在效率提升的基础上，通过生产体系、产业体系与经营体系的现代化，提高粮食与重要农产品生产的价值和效益，进一步调动农民在市场条件下务农种粮的积极性。

农业农村现代化是实施乡村振兴战略的总目标。党的十八大以来，以习近平同志为核心的党中央坚持把解决好"三农"问题作为全党工作的重中之重，站在统筹中华民族伟大复兴战略全局和世界百年未有之大变局的高度，引领推进新时代农业农村现代化事业发展，带领全党全国各族人民为农业强、农村美、农民富不懈奋斗。加快实现农业农村现代化，当前首要任务是抓好乡村振兴。习近平总书记指出，"三农"工作重心已经实现历史性转移，人力投入、物力配置、财力保障都要转移到乡村振兴上来。决不能松劲歇脚，更不能换频道。总的要求仍然是全面推进产业、人才、文化、生态、组织"五个振兴"。"五个振兴"是相互联系、相互支撑、相互促进的有机统一整体，要统筹部署、协同推进，抓住重点、补齐短板，还要强调精准、因地制宜，激发乘数效应和化学反应，提高全面推进乡村振兴的效力效能。要坚持农业现代化和农村现代化一体设计、一并推进，实现农业大国向农业强国跨越。这些论述深刻阐释了全面推进乡村振兴的内在逻辑，也鲜明指出了农业农村现代化建设和农业强国的时代要求。要把加快农业农村现代化作为全面推进乡村振兴的重大战略任务，推动农业全面升级，带动农村全面发展，促进农民全面进步。

农业农村现代化是农业低碳绿色发展的基础。坚持节约资源和保护环境相结合，构建人与自然和谐共生的农业发展新格局，是党的二十大提出的要求。推进农业农村现代化必须强化退化耕地治理，提高农业用水效率，保护农业生物资源，降低农业资源利用强度。推进化肥农药减量增效，促进畜禽粪污、秸秆、废旧农膜资源化利用，净化产地环境。坚持山水林田湖草沙一体化保护和系统治理，实施好长江十年禁渔，推进长江经济带、黄河流域等重点区域生态环境保护。深入推进农业品种培优、品质提升、品牌打造和标准化生产，建立健全生态产品价值实现机制，提升农村生态系统碳汇能力。只有通过农业现代化才能实现绿色发展目标。通过精准农业、清洁生产、绿色投入等技术创新以及循环经济生产模式的建立，实现化肥农药投入、碳排放的减量和粪污、秸秆等农业废弃物资源化利用水平的提升，在资源精准利用、高效利用的情况下实现农业生产与自然之间的和谐共生。

二、深刻理解和把握农业农村现代化的基本要求

加快实现农业农村现代化，是一项长期而艰巨的历史任务，将伴随全面建设社会主义现代化国家全过程。要以习近平新时代中国特色社会主义思想为指导，立足新发展阶段、贯彻新发展理念、构建新发展格局、推动高质量发展，以保障国家粮食

安全为底线，推动农业发展由追求速度规模向注重质量、效益、竞争力转变，由依靠传统要素驱动向注重科技创新和提高劳动者素质转变，由产业链相对单一向集聚融合发展转变，加快实现由农业大国向农业强国的跨越。让农业成为有奔头的产业，让农民成为有吸引力的职业，让农村成为安居乐业的美丽家园。

实现农业农村现代化关键在科技进步和创新。要抢抓新一轮科技革命有利时机，坚持农业科技自立自强，加快以种业为重点的农业科技创新，不断提高土地产出率、劳动生产率和资源利用率，走主要依靠科技进步支撑的内涵式发展之路。要加快实施农业生物育种重大科技项目，早日实现重要农产品的种源自主可控。立足我国国情，加强农业与科技融合，加快农业科技创新步伐，努力抢占世界农业科技竞争制高点，显著提高我国农业科技进步贡献率。树立大食物观，发展设施农业，全方位、多途径开发食物资源。要注重用现代物质条件装备农业，加强农田水利建设，加快推进农业机械化、设施化、智能化，弥补水土资源先天不足。推进农业供给侧结构性改革，优化农业产业结构和生产区域布局，加快构建现代农业产业体系、生产体系、经营体系，提升农业劳动生产率，提高农业综合效益和竞争力。

实现农业农村现代化要推进城乡一体化发展。全面建设社会主义现代化国家，既要建设繁华的城市，也要建设繁荣的农村，推动工业和农业相互促进、城市与乡村相互融合。要坚持农业农村优先发展的总方针，按照产业兴旺、生态宜居、乡风文明、治理有效、生活富裕的总要求，建立健全城乡融合发展体制机制和政策体系，要坚持农业现代化和农村现代化一体设计、一体推进，健全城乡发展一体化体制机制，推动先进生产要素向乡村流动、公共服务向乡村延伸；大力践行绿水青山就是金山银山理念，加强农村生态文明建设，改善农村人居环境；保护农村传统村落，为老百姓留住鸟语花香的田园风光和美丽乡愁，着重提高农村生活品质。

实现农业农村现代化要健全农业社会化服务体系，加快培育新型农民。巩固和完善农村基本经营制度，培育新型农业经营主体，健全农业社会化服务体系，发展农业适度规模经营，促进小农户和现代农业发展有机衔接。突出抓好家庭农场和农民合作社两类主体，引导家庭农场组建农民合作社，推动农民合作社兴办企业、发展农产品加工，建立农业产业化龙头企业引领、农民合作社和家庭农场跟进、广大小农户参与的农业产业化联合体，为小农户提供多种形式的农业社会化服务。要加快农业产业化步伐，盘活农村资产，发展新型农村集体经济，增加农民收入，让更多农民勤劳致富，共享发展成果，共享现代生活；把乡村建设摆在现代化建设的重要位置，坚持乡村建设为农民而建，逐步让农村基本具备现代生活条件，让农民过上好日子、过上现代化的生活；坚持物质文明和精神文明一起抓，提升农民精神风貌，让农民的思想道德观念、价值取向、科学文化素养和行为方式等适应现代化需要，加快培育新型农民。

三、推进农业农村现代化重在发挥改革与科技双轮驱动作用

加快推进农业农村现代化，利器在科技，关键靠改革。习近平总书记在2022年中央农村工作会议上强调："要依靠科技和改革双轮驱动加快建设农业强国。"这一重要指示阐明了加快建设农业强国依靠什么、该怎样干的重大问题，为我们解决农业大而不强问题、实现农业农村现代化目标指明了科学路径。

深化农村改革，建立健全农业农村现代化体制机制。农业农村现代化要服从服务于中国式现代化总体战略，基于中国国情与中国特色社会主义制度的要求，在巩固完善农村基本经营制度的基础上深化农村改革。改革的主线是处理好农民和农地的关系，以促进"大国小农"这个基本国情农情条件下的农业现代化转型。要在坚持家庭承包经营主体地位的基础上继续深化农地所有权、承包权、经营权三权分置改革。一方面，要放活土地经营权，促进农地经营权有序流转和发展多种形式的适度规模经营，将农地经营权配置给有经营意愿和经营能力的新型农业经营主体；另一方面，要强化农地经营权的稳定和保护，通过赋予经营主体更有保障的农地经营权，鼓励促进农业现代化发展的长期投资。加快培育新型农业经营主体，大力发展面

向小农的农业生产社会化服务，促进小农户与现代农业生产方式有机衔接。

加快农业科技进步，增强农业现代化科技动能。科技进步是中国特色现代化农业发展道路的主要动力和根本保障。习近平总书记强调："农业出路在现代化，农业现代化关键在科技进步和创新。"增强农业现代化的科技动能，必须要持续提高我国农业科技水平，加快实现农业科技高水平自立自强。推进农业科技创新，要坚持问题和产业"两个导向"，一手抓关键核心技术攻关，一手抓创新体系效能提升。瞄准"卡脖子"技术难题，找准产业高质量发展急需的产品和技术，加快研发与创新一批关键核心技术及产品。发挥新型举国体制优势，打造国家农业战略科技力量，攻克一批关键核心技术难题。坚持政府和市场协同发力，针对当前农业科技创新体系存在的突出问题，按照梯次分明、分工协作、适度竞争的要求完善相关制度机制，优化农业技术推广服务模式，切实提高科研攻关能力和创新水平、科技工作者和企业创新的积极性、科研成果落地转化的效率。

推进农业现代化要树立大食物观，构建多元化食物供给体系。保障粮食安全是推进农业现代化的根本任务，大食物观是粮食安全观在新时代的丰富和发展，也是新时代推进农业现代化的基本导向。一是要拓宽食物供给渠道，提高食物来源结构的多元化水平。除了向耕地和植物动物要食物，还要进一步开发草原森林海洋资源，挖掘微生物和生物工程技术潜力，加强对非常规农业生产空间的开发和利用。通过将食物来源从耕地资源向整个国土资源拓展，将显著提高我国食物供给潜能，增强国内资源在保障食物供给安全中的作用。二是要增加食物供给种类，提高食物产品构成的多元化水平。当前，中国城乡居民食物消费需求加速转型升级，食物消费呈现口粮消费下降、肉蛋奶等非口粮食物消费快速刚性增长的变化趋势。树立大食物观，就是要顺应食物消费结构升级的新变化和新要求，既保障传统的以口粮为主的粮食安全，也保障肉蛋奶蔬果油糖等非口粮食物的供给安全。

（原载《红旗文稿》2023年第9期）

统筹新型城镇化和
乡村全面振兴

赵振华

中央党校（国家行政学院）经济学教研部主任、教授

2023年12月召开的中央经济工作会议提出要统筹新型城镇化和乡村全面振兴。这既是经济工作的指导原则，又是方法论。我们要深入学习贯彻党中央关于统筹新型城镇化和乡村全面振兴的部署要求，充分认识统筹新型城镇化和乡村全面振兴的巨大潜力和重大意义，把推进新型城镇化和乡村全面振兴有机结合起来，促进各类要素双向流动，推动以县城为重要载体的新型城镇化建设，形成城乡融合发展新格局。

充分认识统筹新型城镇化和乡村全面振兴的重大意义

统筹是我们党的科学方法论，即统一谋划和部署，也就是在综合考虑全局前提下，统一组织、协调某些领域内的各种资源和活动，目的是更加合理、高效地配置资源，调动一切可以调动的力量，圆满实现既定目标。在社会主义革命和建设时期、改革开放和社会主义现代化建设新时期、中国特色社会主义新时代，我们党都十分重视运用统筹方法解决复杂问题。统筹是方法，更是艺术，体现的是综合本领。毛泽东在《关于正确处理人民内部矛盾的问题》一文中指出："我们的方针是统筹兼顾、适当安排。"改革开放后，针对我国国土面积广大、各地自然禀赋、人文环境差异较大的现实情况,让全国各个地区以同样速度发展不符合经济发展规律,也难以做到。邓小平1988年提出"两个大局"的战略构想:"沿海地区要加快对外开放,使这个拥有两亿人口的广大地带较快地先发展起来,从而带动内地更好地发展,这是一个事关大局的问题。内地要顾全这个大局。反过来,发展到一定的时候,又要求沿海拿出更多力量来帮助内地发展,这也是个大局。那时沿海也要服从这个大局。"习近平总书记深刻指出:"统筹兼顾是中国共产党的一个科学方法论。它的哲学内涵就是马克思主义辩证法。"在学习贯彻党的二十大精神研讨班开班式上的重要讲话中,习近平总书记指出:"推进中国式现代化是一个系统工程,需要统筹兼顾、系统谋划、整体推进,正确处理好顶层设计与实践探索、战略与策略、守正与创新、效率与公平、活力与秩序、自立自强与对外开放等一系列重大关系。"关于统筹的具体方法,习近平总书记指出:"统筹兼顾、综合平衡,突出重点、带动全局,有的时候要抓大放小、以大兼小,有的时候又要以小带大、小中见大,形象地说,就是要十个指头弹钢琴。"统筹兼顾既是一种工作方法,也是一种思维方式,要学会用统筹思维来认识问题、部署工作。

统筹新型城镇化和乡村全面振兴是全面建设社会主义现代化国家的客观要求。经过新中国成立以来特别是改革开放以来的不懈努力,我国新型城镇化和乡村全面振兴取得巨大成就,但城乡发展不平衡、城乡之间生产要素流动不畅、各自为政、相互封闭等问题依然存在，既制约新型城镇化的高质量发展，也阻碍乡村全面振兴。新型城镇化和乡村全面振兴都是全面建设社会主义现代化国家的应有之义，只有统筹新型城镇化和乡村全面振兴，才能更好助推强国建设、民族复兴的宏伟目标。

统筹新型城镇化和乡村全面振兴不仅仅是经济问题，而且是重大政治问题。脱贫攻坚目标的如期实现，充分彰显了社会主义制度的优越性，用铁一般的事实证明了共产党好。城乡融合发展特别是乡村全面振兴，可以进一步彰显中国特色社会主义制度伟力、进一步彰显中国共产党的伟大。城镇和乡村虽然处于不同空间，却具有密切的内在联系。城镇化是经济社会发展的必然趋势，是生产力发展的必然结果。现代化在一定意义上就是城镇人口比例不断提高的过程。城镇化既是人口聚集、资源高效利用，也让更多的人口享受城镇文明。新型城镇化不同于传统的以牺牲农村为代价片面强调城镇发展，更加强调城乡融合发展，城镇化愈深度发展，愈要求乡村同步进步。特别是我国是一个14亿多人口的大国，即使城镇化已经完成，也意味着必然有数亿人口生活在乡村。反过来说，没有乡村的全面振兴，没有乡村的现代化，就不可能实现新型城镇化。只有更好地统筹，才能实现新型城镇化和乡村全面振兴的比翼双飞。

统筹新型城镇化和乡村全面振兴面临的主要难题是乡村发展相对滞后。党的二十大报告指出："全面建设社会主义现代化国家，最艰巨最繁重的任务仍然在农村。"必须抓住这个主要难题，坚持农业农村优先发展，坚持城乡融合，畅通城乡要素流动，久久为功地补上乡村发展的短板。

多管齐下统筹新型城镇化和乡村全面振兴

统筹新型城镇化和乡村全面振兴既是一项复杂的系统工程，也是一项长期任务。各个地区情况千差万别，北方与南方不同，东部与西部有别，需要坚持从实际出发，坚持效果和结果导向，多管齐下。各级党委和政府要把统筹新型城镇化和乡村全面振兴纳入2035年基本实现社会主义现代化和到21世纪中叶建成社会主义现代化强国的战略部署中，把城乡融合发展作为各项工作的重中之重。

统筹的抓手是农村公共基础设施和公共服务。农村最大的短板就是公共基础设施滞后和公共服务短缺，农民最大的盼望就是改善农村公共基础设施和提供公共服务水平。2023年12月召开的中央农村工作会议强调："优化村庄布局、产业结构、公共服务配置，扎实有序推进乡村建设，深入实施农村人居环境整治提升行动，推进农村基础设施补短板。"统筹新型城镇化和乡村全面振兴，需要加大公共服务下乡的力度。建立健全全民覆盖、普惠共享、城乡一体的基本公共服务体系。充分利用智慧教育手段，建立智慧学校、智慧教室，让偏远地区的孩子同步享受城镇优质教育；健全农村基层医疗卫生体系，完善统一的城乡居民基本医疗保险制度和大病保险制度；完善城乡居民基本养老保险制度和最低生活保障制度。

统筹的重点是促进生产要素在城乡自由通畅流动。当前城乡要素合理流动机制还存在缺陷，生产要素还存在不平等交换现象。一方面，农村各种生产要素如资金、人才、土地等呈现向城镇单向流动特点，极大阻碍了乡村发展，乡村出现了不同程度的生产要素综合缺乏征。另一方面，农民进城受到户籍制度制约，进城农民无法落户，子女在城镇就学受到影响，这就是不少地方常住人口多于户籍人口的原因。促进生产要素在乡村合理流动，一是继续坚持以工补农、以城带乡，推动形成工农互促、城乡互补、协调发展、共同繁荣的新型工农城乡关系不动摇；二是改变生产要素不合理流动，实施生产要素回流农村工程，引导更多人才到乡村创业就业，培训更多的新兴职业农民；三是打破生产要素自由流动壁垒，特别是户籍制度，让进城农民进得放心。生产要素的流动既需要依靠市场机制，让市场在资源配置中发挥决定性作用，也需要政府更好发挥作用，继续实施倾斜性财政政策，重点支持乡村公共基础设施建设，为生产要素向乡村流动提供良好的基础设施，加大政策性金融机构支持乡村发展的力度，既要普，更要惠，切实解决乡村全面振兴融资难、融资贵的问题，加大对乡村龙头企业特别是农产品加工企业的支持力度，延长农产品产业链条，提高农产品加工深度和附加值。

  统筹的切入点是县域。习近平总书记指出："要把县域作为城乡融合发展的重要切入点，推进空间布局、产业发展、基础设施等县域统筹，把城乡关系摆布好处理好，一体设计、一并推进。"县域既是独立的行政单元，又是城镇和乡村的自然结合体，既有城镇又有乡村，既有市民又有农民。统筹新型城镇化和乡村全面振兴，重点任务也在县域。赋予县级更多的资源整合使用权，强化县乡村公共资源和公共服务的统筹力度，根据不同地区的特点，从实际出发，善于及时抓住主要矛盾，集中力量打消除短板的歼灭战，久久为功。做大做强县城，增强县城的产业聚集功能，突出主导产业，以产业聚集带动人口聚集，以人口聚集推动教育、文化等社会事业的协调发展。把乡镇建设成为服务农民的区域中心，乡镇与农村空间距离最近，服务距离最短，农村农业愈发展，农民对各种服务的需求愈旺盛，愈需要增强乡镇的服务功能。

（原载《学习时报》2024年2月23日第1版）

有力有效推进乡村全面振兴

曹 立

中央党校（国家行政学院）
习近平新时代中国特色社会主义思想研究中心研究员、
经济学部副主任

强国必先强农，农强方能国强。没有农业农村的现代化，就没有国家的现代化；没有乡村的振兴，就没有中华民族的伟大复兴。习近平总书记对"三农"工作作出重要指示，强调要"锚定建设农业强国目标，把推进乡村全面振兴作为新时代新征程'三农'工作的总抓手""有力有效推进乡村全面振兴，以加快农业农村现代化更好推进中国式现代化建设"。习近平总书记的重要指示阐明了推进乡村全面振兴的战略要求和主攻方向，是做好新时代新征程"三农"工作的根本遵循和行动指南。

"有力有效"更加强调推进乡村全面振兴的举措和效果，通过整合资源、突出特色、补齐短板、提高效率，推动农业全面升级、农村全面进步、农民全面发展。

一、守住耕地这个命根子，确保国家粮食安全

乡村振兴承载了国家的粮食安全，粮食安全是关乎14亿多人吃饭的民生大计。习近平总书记始终从政治和战略高度看待国家粮食安全问题，作出了系统谋划和全面部署。在战略定位上，习近平总书记指出："粮食安全是'国之大者'。"在战略重点上，习近平总书记强调："保障粮食安全，关键在于落实藏粮于地、

藏粮于技战略,要害是种子和耕地。""要全面落实粮食安全党政同责,坚持稳面积、增单产两手发力。"当前和今后一个时期,保障粮食和重要农产品供给安全形势复杂严峻。必须深刻领会习近平总书记的重要论述,把确保粮食和重要农产品供给作为首要任务,夯实农业基础,把提高农业综合生产能力放在更加突出的位置,确保面积和产量保持稳定,确保国家粮食安全。

一是加强耕地保护和建设,守住耕地这个命根子。2023年12月召开的中央农村工作会议强调:"加强耕地保护和建设,健全耕地数量、质量、生态"三位一体"保护制度体系,优先把东北黑土地区、平原地区、具备水利灌溉条件地区的耕地建成高标准农田,适当提高投资补助水平。"耕地是粮食生产的命根子,粮食安全是"国之大者"。人均耕地少、高质量耕地少、后备耕地少是基本国情,我国仍需高度重视耕地的数量保障、质量提升、生态修复和治理效能问题,建设设施配套、高产稳产、生态良好、抗灾能力强,且与现代农业生产和经营方式相适应的高标准农田。坚决整治乱占、破坏耕地等违法行为,加大高标准农田建设投入和管护力度,夯实粮食安全根基,确保耕地数量有保障、质量有提升。

二是探索建立粮食产销区省际横向利益补偿机制。粮食主产区承担着保障国家粮食安全的重任,每年都会投入大量耕地资源、水资源、生态资源和人力资源发展粮食生产。由于粮食具有准公共产品的性质，行业利润低，容易导致粮食主产区经济增长速度较慢，出现"产粮大县、经济弱县、财政穷县"的困境。与此不同，沿海发达地区作为主销区是国家粮食政策的直接受益者，经济增长速度较快。粮食主产区与主销区经济发展差距的不断扩大，势必影响主产区农民的种粮积极性，最终会影响国家粮食安全。2023年12月召开的中央农村工作会议提出探索建立粮食产销区省际横向利益补偿机制，这是我国健全粮食主产区利益补偿机制的重要举措，将与中央财政对粮食主产区的纵向利益补偿机制构成有机整体，有利于进一步缩小粮食主产区与主销区的经济发展差距，充分调动主产区重农抓粮的积极性，更好保障粮食安全。

三是强化科技和改革双轮驱动，提高农业生产效率。推动农业科技创新，使生物技术、信息技术、新材料技术等新兴技术在农业领域推广应用，推动农作物品种改良升级；通过土地流转、合作社等方式，实现农业生产规模的扩大，提高农业生产效率；通过推广节水灌溉、有机肥料等绿色生产技术，降低农业生产对环境的负面影响；通过引入智能农机、无人机等现代农业装备，实现农业生产过程的自动化、智能化。

二、精准务实培育乡村产业，实施农民增收促进行动

2023年12月召开的中央农村工作会议强调，坚持产业兴农、

质量兴农、绿色兴农，精准务实培育乡村产业，完善联农带农机制，实施农民增收促进行动。产业振兴是乡村振兴的重中之重，也是农民增收的关键。当前乡村振兴已进入新的质量提升阶段，要把促进产业兴旺、创造更多就业岗位、帮助农民持续增收放在更加突出的位置上。

一是构建现代乡村产业体系。构建完备的现代乡村生产体系和经营体系，既是农业农村现代化的核心任务，又是巩固拓展脱贫攻坚成果与乡村振兴有效衔接的重要载体。构建现代乡村产业体系，依托区域内农业资源、生态资源、文化资源，开发区域内名优特产品，把小品种做成大产业，形成全产业链，增强市场竞争力，通过延长产业链、提升价值链、完善利益链，让农民分享产业链增值收益。

二是推动特色现代农业全产业链建设。当前，农业产业结构正从单一的粮食生产向多元化的农产品生产转变。农产品既包括食用农产品，又包括与农业相关的各类文创产品、生态产品；乡村产业既包括食用农业产业，又包括农村的文旅产业、生态产业和康养产业等。精准务实培育乡村产业，需要树立大农业观、大食物观，农林牧渔并举，构建多元化食物的供给体系。从生产端拓宽食物供给种类，持续推动畜禽产品、蔬菜水果、奶制品等的稳产保供，既满足人们对食物的多样化需求，又有效拓展农民增收致富渠道。

三是提升农民素质，培养懂技术、善经营、会管理的新型农民队伍。进入新时代，农民素质提升正从传统的种植养殖技能培训向现代农业科技知识、市场营销知识的普及转变。通过开展农业科技培训、科普宣传等活动，加快提高农民科技素养，培养新型农民；通过开展职业技能培训、创业培训等活动，不断提高农民就业创业能力。

三、学习运用"千万工程"经验，建设宜居宜业和美乡村

新时代新征程，有力有效推进乡村全面振兴，必须学习好运用好"千万工程"蕴含的发展理念、工作方法和推进机制，从农民群众反映强烈的实际问题出发，找准乡村振兴的切入点，提高工作实效。集中力量抓好办成一批群众可感可及的实事，建设宜居宜业和美乡村。

"千万工程"是习近平总书记在浙江工作期间亲自谋划、亲自部署、亲自推动的一项重大决策。20年来，历届浙江省委省政府一张蓝图绘到底，持之以恒、锲而不舍地实施"千万工程"，探索出一条以农村人居环境整治小切口推动乡村全面振兴的科学路径，深化了对乡村建设、乡村治理和城乡融合发展规律的认识，为新时代推进乡村全面振兴提供典型示范。学习运用"千万工程"经验，建设宜居宜业和美乡村，应着重补齐基础设施短板，增强公共服务能力，推进人居环境整治，创建和美社会风尚。

全面提升农村基础设施和公共服务水平。让农村基本具备现代生活条件,意味着应着力推进农村基础设施、公共服务和人居环境的现代化水平。农村是亿万农民的家园,坚持农业农村优先发展,一方面须加快补齐乡村经济基础设施和社会基础设施短板,强化农村农田水利设施、交通设施、能源设施、供排水设施、环卫设施、信息网络设施的建设,完善乡村教育基础设施、医疗基础设施、养老基础设施和文体娱乐基础设施,为农村基本具备现代生活条件创造完备的基础设施支撑。另一方面应多措并举增强乡村基本公共服务供给能力,提高农村居民享受公共服务的可及性、便利性,不断增强乡村居民获得感、幸福感、安全感。

推进人居环境整治,美化优化宜居环境。乡村人居环境整治的目标是提高乡村居住的舒适度。应以村庄净化、绿化、亮化、美化为导向,创建生态宜居美丽乡村,有序推进乡村人居环境整治,从解决环境脏乱差做起,到改水改厕、村道硬化、污水治理,到实施绿化亮化、村庄综合治理,到美丽乡村打造,循序渐进持续提升农村生活品质,不断推动美丽乡村建设取得新进展。

创建和美社会风尚,推动精神文明建设。学习运用"千万工程"经验,重视发挥农民主体作用,让农民参与乡村治理。把改造传统农村与提升农民精神风貌、树立乡村文明新风有机结合起来。将文明村、文化村、民主法治村等建设和美丽乡村建设紧密结合起来，不断提高农民的民主法治意识、科学文化素质和思想道德素质。推动农村治理体系和治理能力现代化，实现农村农民由点到面、由表及里的全面发展、全面提升。

四、统筹新型城镇化和乡村全面振兴，促进县域城乡融合发展

2023年12月召开的中央农村工作会议要求，统筹新型城镇化和乡村全面振兴，提升县城综合承载能力和治理能力，促进县域城乡融合发展。在全面推进乡村振兴的过程中，不应孤立地就乡村发展乡村，而是要对城镇和乡村发展进行统筹谋划，把推进新型城镇化和乡村全面振兴有机结合起来，促进各类要素双向流动，推动以县城为重要载体的新型城镇化建设，形成城乡融合发展新格局。

一是提升县城综合承载能力和治理能力，促进县域内城乡融合发展。县城是联系广大农村最紧密、最直接的空间结构单元，具有满足人民群众安居乐业需求的巨大潜力。应积极推进以县城为重要载体的新型城镇化建设，提升县城市政公用设施建设水平和基础公共服务、产业配套功能，增强综合承载能力和治理能力，发挥县城对县域经济发展的辐射带动作用。统筹新型城镇化和乡村全面振兴，就是要统筹县域产业、基础设施、公共服务、基本农田、生态保护、城镇开发、村落分布等的空间布局，强化县城综合服务能力，把县域发展作为破解城乡二元结构、推动城乡融合发展的重要切入点。一方面通过夯实县城产业基础，推动县域经济高质量发展，促进农业转移人口就业和持续增收；另一方面提高县城市政建设和公共服务水平，提高教育、文化、医疗、养老、社保和住房等保障水平，增强对农业转移人口的承载和吸纳能力。

二是促进城乡在资源、要素、服务、产品、制度等方面的融合发展。把乡村振兴战略这篇大文章做好，必须走城乡融合发展之路。统筹新型城镇化和乡村全面振兴，须在健全农业转移人口市民化机制、建立城市人才入乡激励机制、改革完善农村承包地制度、稳步推进农村宅基地制度改革、建立集体经营性建设用地入市制度等方面进一步深化改革创新，为破除妨碍城乡要素自由流动和平等交换的体制机制壁垒，促进各类要素向乡村流动提供制度保障。

（原载《光明日报》2024年1月17日第6版）

扎实推进
农民农村共同富裕

张　晖

中国农业大学马克思主义学院院长、教授

2021年习近平总书记在中央财经委员会第十次会议上强调，"促进共同富裕，最艰巨最繁重的任务仍然在农村"，明确提出"促进农民农村共同富裕"的任务要求。要把握推进农民农村共同富裕的现实逻辑，从中国式现代化、城乡一体化、全面推进乡村振兴的战略格局中找寻实践进路。

一

推进农民农村共同富裕是以人民为中心理念的充分彰显。发展为了人民，是马克思主义的根本立场。作为马克思主义政党，新民主主义革命时期，我们党带领农民开展土地革命和武装斗争，广大农民翻身得解放，为摆脱贫困、奔向共同富裕奠定了前提。新中国成立后，党坚持以人民为中心，加大对乡村建设的投入，推动农业合作化，持续不断地进行贫困治理，引导农民走共同富裕的道路，将乡村融入城乡经济循环体系之中，不断提高农民收入水平，农业农村面貌发生了显著改变。进入新时代以来，以习近平同志为核心的党中央坚持用大历史观科学谋划和推进"三农"改革发展，农村基本经营制度巩固完善、农村集体产权制度改革稳步开展、农村土地制度"三项改革"

全面推开、脱贫攻坚战圆满收官,民生在发展中不断得到改善,农村经济社会发生了翻天覆地的历史性变化,推动共同富裕站到了新的起点上。党中央坚持以乡村振兴推进农民农村共同富裕,确保亿万农民在实现第二个百年奋斗目标中不掉队、赶上来,充分彰显了党的"三农"情怀、历史自觉和以人民为中心的价值旨归。

推进农民农村共同富裕是促进城乡融合发展的战略考量。城乡融合发展是国家现代化的重要标志,城乡二元结构是制约我国城乡融合发展的顽固障碍。城乡融合发展缓慢何以破题,新发展阶段何以促进城乡融合?其重要抓手就是实施乡村振兴战略,补齐"三农"短板,推动农民农村共同富裕,促进城乡融合高质量发展。农民农村共同富裕在新阶段可谓是被赋予了城乡融合发展新内涵,推进农业农村共同富裕成为城乡融合发展的新路径。这不仅是理论的要求,更是实践的呼唤,是党和国家站在战略高度推动社会主义现代化建设的必然选择。

推进农民农村共同富裕是构建新发展格局的目标引领。党的十九届五中全会明确提出,要加快构建以国内大循环为主体、国内国际双循环相互促进的新发展格局。2020年12月,习近平总书记在中央农村工作会议上强调指出:"构建新发展格局是我们应对世界大变局的战略举措,也是我们顺应国内发展阶段变化、把握发展主动权的先手棋。把战略基点放在扩大内需上,农村有巨大空间,可以大有作为。"在此背景下,推进农民农村共同富裕意义重大，是加快构建新发展格局的目标引领和关键动力所在。一方面，推进农民农村共同富裕，能够有效激活农村广阔的消费市场，为构建新发展格局提供充足动能。鉴于经济新常态背景下全球新冠疫情等因素的加持，拉动国民经济增长的"三驾马车"动力明显不足，在推进农民农村共同富裕过程中，农村社会生产力水平和农民收入的大幅提高，将在提高农民消费能力和促进消费结构梯次升级的同时，释放出农村巨大的消费潜力，为强大国内市场提供支撑。另一方面，推进农民农村共同富裕，能够促进城乡区域协调发展，促进乡村资源要素与全国大市场相对接，加快城乡经济要素双向流动，从而拓展经济发展空间，畅通国内大循环，为构建新发展格局筑牢基础。

二

巩固拓展脱贫攻坚成果，全面推进乡村振兴。无论是脱贫攻坚还是乡村振兴，其政策和实践指向都是实现共同富裕。乡村振兴作为脱贫攻坚的延续和发展，首要任务就是巩固拓展脱贫攻坚成果，这也是促进农民农村共同富裕的底线要求和关键环节。一方面，延续和创新脱贫攻坚相关政策，在县域层面构建阻断贫困的长效机制。脱贫地区和人员是农民农村共同富裕进程中的重点，过渡期内严格落实"摘帽不摘责任，摘帽不摘政策，摘帽不摘帮扶，摘帽不摘监管"的要求，要建立防止返贫信息监测机制，实施精准的政策干预，及时防止脱贫人员返贫。同时，将巩固拓展脱贫攻坚成果的任务统筹于整个县域发展的政策中，在通过产业减贫和就业帮扶之余，实现教育、医疗、住房、养老等民生保障性政策与各项兜底救助类政策衔接联动，切实阻断贫困再次发生。另一方面，在体制机制、政策体系等方面做好巩固拓展脱贫攻坚成果同乡村振兴的有效衔接，实现平稳过渡。实施乡村振兴战略作为实现农民农村共同富裕的必经之路和战略选择，不但要增强农民农村发展的内生动力，还要激发土地、技术、资金、劳动力等生产要素活力，对象广、难点多、任务重，要在财政投入、土地政策、金融政策和人力资本等方面加大支持力度，有力地促进农村产业兴旺，农民生活富裕。

强化农村基层党组织建设，发展壮大农村集体经济。壮大农村集体经济，是引领农民实现共同富裕的重要途径。强化农村党组织功能建设，为发展壮大农村集体经济提供坚强保障。实践表明，哪里的农村基层党组织建设得坚强有力，哪里的集体经济就发展得好，农民农村共同富裕就实现得好；只有依靠农村基层党组织的核心领导，发挥农村集体所有制的优势，发展壮大农村集体经济，做大做好这块"蛋糕"，才能确保在共同富裕之路上没有农民被遗漏，才能真正在物质上实现共同富裕的同时实现精神上的共同富裕，为最终实现农民农村共同富裕奠定坚实基础。立足于党建引领农村集体经济发展的作用与成效，要重点在三个方面发力。其一，推进基层党组织带领农民农村实现共同富裕能力建设。注重选拔、培养一批高素质的村支书队伍的同时，发挥好党员的先锋模范作用，以主人翁的意识和"领头雁"的能力帮助和促进集体经济良性发展。其二，巩固农村集体产权制度改革成果。积极拓展农村集体经济的发展领域，持续探索创新资产管理制度和农村集体经济组织运行机制，牢牢保护农民集体资产权益，不断壮大农村集体经济实力。其三，健全农村集体经济收益分配制度，明晰农村集体经济发展与农民收入增长之间的关联，激发农民在农村经济发展中的积极性、主动性和创造性，激活农村集体经济发展的内生动力。

构建现代乡村产业体系，大力拓展农村农民增收渠道。乡村产业高质量发展是实现农村农民增收致富的根本途径。加快构建现代乡村产业体系，提高乡村产业发展质量，促进农民增收是推进农民农村共同富裕的必由之路。一是要提升农村产业融合发展水平。充分挖掘农业新功能新价值，促进农业生产、加工、销售与休闲农业以及其他服务业渗透交叉，形成多主体参与、多要素聚集、多业态打造、多模式推进的融合发展格局。二是要加强农业全产业链建设。以农产品加工业为核心，推动农业从种养环节向农产品加工流通等二、三产业延伸，将农产品原料到消费者的完整链条有机整合起来，拓展农业增值增效空间，让农民能够更多分享农业全产业链的增值收益。三是发展乡村新产业新业态。充分挖掘农业的多功能性，培育壮大乡村休闲旅游业、智慧农业、创意农业、生态产业以及乡村新型服务业、电子商务等新产业新业态，为农业增效、农民增收注入新动能。四是积极发挥新型农业经营主体的产业带动作用。鼓励新型经营主体在规模化生产、市场开拓等方面的优势分工协作，诸如支持龙头企业通过订单收购、股份合作等多种形式带动农户"抱团发展"，发展多种形式适度规模经营，培育适应小农户需求的农业社会化服务多元主体，通过农业生产托管等方式实现小农户与现代农业发展的有机衔接等，稳步提升农业生产经营效益。

补齐农村基础设施短板，推动城乡基本公共服务均等化。城乡基本公共服务均等化是共同富裕的内在要求和基本内涵，补齐农村基础设施短板，提升农村公共服务水平是助力农民农村共同富裕的必要举措。一是加大对农村地区公共服务设施的投入力度。一方面，要加快补齐农村在排水设施、厕所革命、垃圾处理等人居环境治理方面的短板，积极推动信息技术在农业全产业链各环节中的应用，推进数字乡村建设。另一方面，要加快补齐教育、医疗、养老等公共服务设施短板，不断优化农村义务教育的办学条件，逐步改善农村医疗卫生条件和诊疗水平，满足独居老年人家庭养老服务需求等，提高农村公共服务的供给效能。二是推进城乡公共文化服务体系一体化建设，充分利用互联网技术，有效弥合城乡公共文化服务差距，实现优质文化资源和文化服务在城乡之间双向流动和均衡发展。大力挖掘和培养农村文化人才，不断创新公共文化供给形式，传承弘扬优秀农耕文化，着力提升农村的文明程度和农民精神生活的丰富程度。三是加强城乡基本公共服务标准和制度建设，优化城乡教育、卫生、医疗、养老等公共服务资源均等化配置机制，促进区域基本公共服务质量水平有效衔接，加快形成标准统一、制度并轨、融合统一的城乡公共服务体系，助力农民农村共同富裕的实现。

（原载《红旗文稿》2022年第16期）

为乡村振兴提供强大的人才队伍支撑

潘春玲

北京市习近平新时代中国特色社会主义思想研究中心特约研究员、中国农业大学马克思主义学院副教授

2024年中央一号文件明确提出"壮大乡村人才队伍",进一步强调了人才培养对乡村振兴的重要意义,为有力有效推进乡村全面振兴擘画了路线图。乡村振兴,关键在人。人才振兴是乡村振兴的基础,加强乡村人才队伍建设是推进乡村全面振兴的题中应有之义。针对当前农村发展中缺人才的问题,加强乡村人才队伍建设,对助力乡村振兴各项事业的深层次发展具有重要意义。

人才是乡村振兴的第一资源。在2023年年底召开的中央农村工作会议上,习近平总书记明确指出,要提升乡村产业发展水平、乡村建设水平、乡村治理水平,强化农民增收举措,推进乡村全面振兴不断取得实质性进展、阶段性成果。乡村振兴是一项全社会共同参与的系统工程,需要社会各界汇聚更强大的力量协同推进。实施乡村振兴人才支持计划,是有效凝聚社会人才资源的重要举措。近年来,党和国家出台多项乡村人才振兴政策,科学引导不同领域的人才力量参与到乡村振兴各项工作中,推动缓解乡村人才队伍紧缺的问题。2024年中央一号文件再次强调:"实施乡村振兴人才支持计划,加大乡村本土人才培养,有序引导城市各类专业技术人才下乡服务,全面提高农民综合素质。"进一步凸显了深入实施乡村振兴人才支持计划的重要性和紧迫性。

乡村人才队伍建设是有效推进乡村全面振兴的重要支撑。加快推进乡村人才振兴，一是要做好顶层设计。《"十四五"农业农村人才队伍建设发展规划》《关于加快推进乡村人才振兴的意见》等政策文件，为加快推进乡村人才振兴提供了制度保障。通过完善优化乡村人才培养的配套政策，细分乡村人才供求缺口，组织实施各类人才回流计划、基层服务项目，我们可以引导各类人才有序、有效参与到乡村振兴中，拓宽乡村人才来源，聚天下英才而用之，满足乡村发展过程中多样的人才需求。二是要优化培养机制，推动政府、培训机构、企业等发挥各自优势，充分引导资本投资乡村事业，搭建农业产业与教育合作平台，不断推动产教融合、校企合作，持续提升乡村人才综合素质。三是要强化保障支持，推动乡村人才培养、引进、管理、使用、流动、激励等制度改革，着力形成人才服务乡村的正向激励机制，强化先进典型示范引领，在广大乡村形成爱才、敬才的良好风尚，营造有利于乡村人才发展的社会氛围，同时大力改善乡村人居环境与公共服务水平，为广大人才施展才华、长远发展厚植肥沃土壤。

农业农村现代化关键在科技、在人才。农业科技人才是推动农业农村产业升级，加快实现农业农村现代化的重要支撑力量。新时代新征程，全面推进乡村振兴急需更多优秀农业科技人才参与其中，入乡村、进田野，解决农业农村现代化进程中管理、技术、理念等不同层面的问题,为乡村振兴战略提供重要的智力支持。当前,随着乡村振兴战略的深入推进,农村一、二、三产业深度融合,"农业+"业态更新迭代,都对农业科技人才和农村高技能人才的培育引进提出了更高的要求,呼唤着更多跨行业、跨领域、复合型农业科技人才的加入。因此,农业科技人才培养也当立足素质、能力、技能等多个维度,将农业科技人才打造为乡村振兴的智慧引擎。在教育教学方面,着力吸引优质生源报考涉农专业,加快复合应用型农业专业技术人才培养,持续探索农学交替、弹性学制以及现代学徒制等产教融合、校企合作模式。在政策创设方面,积极鼓励、引导农业科技人才为基层服务,探索建立符合人才培养规律特点、有利于吸引各方面人才投身乡村建设的人才评价体系,充分体现鼓励人才向基层流动的导向,让更多农业科技人才扎根广袤乡土、注入发展动能。在评价体系方面,进一步树立生产导向、绩效导向、需求导向的人才培养理念,鼓励广大农业科技人才紧扣现实问题、积极投身一线,在解决现实问题中获得认可,在实践中破除产学研用深度融合过程中的体制机制障碍,有效激发农业科技人才的创新活力与发展潜能。

(原载《光明日报》2024年2月20日第2版)

贯彻落实好
新时代党的"三农"政策

孔祥智
中国人民大学农业与农村发展学院教授

稳住农业基本盘，做好"三农"工作意义重大。党的十八大以来，以习近平同志为核心的党中央高度重视"三农"工作，习近平总书记多次在中央农村工作会议上发表重要讲话。在粮食安全问题上，提出了"谷物基本自给，口粮绝对安全"新时期国家粮食安全战略；在农村基本经营制度上，提出了农村土地所有权、承包权、经营权"三权分置"思想；在城乡关系上，提出了"工农互促、城乡互补、全面融合、共同繁荣"的新型工农城乡关系。这些重要讲话为做好新时代"三农"工作提供了根本遵循。

粮食安全是战略问题

习近平总书记在2013年中央农村工作会议讲话中提出世纪之问："我国粮食是不是过关了呢？"并给予回答："总体看，我国粮食安全基础仍不稳固，粮食安全形势依然严峻，什么时候都不能轻言粮食过关了。"在此基础上，作出了"保障国家粮食安全是一个永恒课题，任何时候这根弦都不能松"的论断。如何确保国家粮食安全？习近平总书记指出："要进一步明确粮食安全的工作重点，合理配置资源，集中力量首先把最基本最重要的保住，确保谷物基本自给，口粮绝对安全。"从而确立了党的十八大以来我国粮食安全的基本方略。

党的十九大提出了乡村振兴战略，2017年12月召开的中央农村工作会议则重点部署了党在近期和长期的乡村振兴工作。习近平总书记在讲话中强调了粮食安全在乡村振兴中的重要位置，指出："在我们这样一个十三亿多人口的大国，粮食多了是问题，少了也是问题，但这是两种不同性质的问题。多了是库存压力，是财政压力；少了是社会压力，是整个大局的压力。""现在讲粮食安全，实际上是食物安全。老百姓的食物需求更加多样化了，这就要求我们转变观念，树立大农业观、大食物观，向耕地草原森林海洋、向植物动物微生物要热量、要蛋白，全方位多途径开发食物资源。"

自2004年以来，我国的农产品国际贸易从长期的贸易顺差变成逆差，基本呈逐年增大趋势。2020年，新冠疫情和变幻莫测的世界政治经济形势相叠加，给我国的粮食供给链带来了很多不稳定因素。因此，习近平总书记在2020年中央农村工作会议上的重要讲话中特别强调了农业尤其是粮食对全局稳定的重要性，指出："这次是我主动提出要来讲讲的，目的是向全党全社会发出明确信号：'三农'工作在新征程上仍然极端重要，须臾不可放松，务必抓紧抓实。"提出："我们要坚持用大历史观来看待农业、农村、农民问题，只有深刻理解了'三农'问题，才能更好理解我们这个党、这个国家、这个民族。""始终立足自身抓好农业生产，以国内稳产保供的确定性来应对外部环境的不确定性。"这是未来相当长时期内我国农业工作的指导方针。新冠疫情发生以来，全世界20多个国家先后宣布禁止稻谷、小麦等主要粮食品种出口，对我国粮食进口造成了一定影响。因此，习近平总书记强调指出："粮食多一点少一点是战术问题，粮食安全是战略问题。""我国粮食供求紧平衡的格局没有改变，结构性矛盾刚着手解决，总量不足问题又重新凸显。今后一个时期粮食需求还会持续增加，供求紧平衡将越来越紧，再加上国际形势复杂严峻，确保粮食安全的弦要始终绷得很紧很紧，宁可多生产、多储备一些，多了的压力和少了的压力不可同日而语。粮食生产年年要抓紧，面积、产量不能掉下来，供给、市场不能出问题。"

巩固和完善农村基本经营制度，走共同富裕之路

我国的农村基本经营制度是上个世纪80年代初期，土地家庭承包经营以后逐渐形成的。1987年1月22日，中央政治局通过的《把农村改革引向深入》界定为"分散经营和统一经营相结合的双层经营体制"。1999年九届全国人大二次会议修正的《宪法》第八条规定："农村集体经济组织实行家庭承包经营为基础、统分结合的双层经营体制。"毫无疑问，在不同时期，农村基本经营制度的内涵和完善的要点会有所差异。2013年12

月，在中央农村工作会议上的重要讲话中，习近平总书记指出："坚持党的农村政策，首要的就是坚持农村基本经营制度。""具体讲，有三个方面的要求。第一，坚持农村土地农民集体所有。第二，坚持家庭经营基础性地位。第三，坚持稳定土地承包关系。家家包地、户户务农，是农村基本经营制度的基本实现形式。家庭承包、专业大户经营，家庭承包、家庭农场经营，家庭承包、集体经营，家庭承包、合作经营，家庭承包、企业经营，是农村基本经营制度新的实现形式。"在2017年中央农村工作会议上的重要讲话中，习近平总书记指出，要坚持农村土地集体所有，坚持家庭经营基础性地位，坚持稳定土地承包关系，完善农村产权制度，健全农村要素市场化配置机制，实现小农户和现代农业发展有机衔接。这高度概括了新时代农村基本经营制度的内涵以及稳定和完善农村基本经营制度要做的工作。

完善农村基本经营制度的核心在哪里？2013年12月，习近平总书记在中央农村工作会议上的重要讲话中指出："完善农村基本经营制度，需要在理论上回答一个重大问题，就是农民土地承包权和土地经营权分离问题。"具体说来，就是农村土地所有权、承包权和经营权"三权分置"。这是重大的理论创新，实现了从农村改革初期"两权分离"到新时代"三权分置"的历史性转变，对于创新农业经营体系、推进农业现代化具有重大的历史意义。农村基本经营制度的稳定，涉及一个重大的理论、实践和政策问题，就是第二轮承包即将到期，党的十七届三中全会提出的"现有土地承包关系要保持稳定并长久不变"如何落实的问题。党的十九大报告中明确指出:"保持土地承包关系稳定并长久不变,第二轮土地承包到期后再延长三十年。"2017年12月,在中央农村工作会议上的重要讲话中,习近平总书记指出,明确再延长土地承包期三十年,从农村改革之初的第一轮土地承包算起,土地承包关系将保持稳定长达七十五年,既体现长久不变的政策要求,又在时间节点上同实现第二个百年奋斗目标相契合。这一精神体现在2018年12月29日十三届全国人大七次会议修正的《农村土地承包法》第二十一条第二款:"前款规定的耕地承包期届满后再延长三十年,草地、林地承包期届满后依照前款规定相应延长。"2019年11月,《中共中央国务院关于保持土地承包关系稳定并长久不变的意见》对"长久不变"的实施作了具体而细致的规定。2020年12月,在中央农村工作会议上的重要讲话中,习近平总书记要求:"要抓好再延长30年试点,保持农村土地承包关系稳定并长久不变。"党的十九大以来,习近平总书记的系列重要讲话精神以及相关法律、政策的出台,体现了新一届党中央领导集体对新时代农村土地集体所有制及其实现形式的理解和把握,是重大的理论创新。

重塑城乡关系，走城乡融合发展之路

党的十八大以来，党对城乡格局进行了深刻调整，城乡关系发生了重大变化，不断趋于完善。2013年12月，习近平总书记在中央农村工作会议上的重要讲话中指出："经过多年努力，我们已基本改变了农民的事农民办的做法，基本建立了覆盖全国的免费义务教育制度、新型农村合作医疗制度、农村最低生活保障制度、新型农村社会养老保险制度，在制度上实现了从无到有的历史性转变。下一步，要不断提高农村基本公共服务的标准和水平，实现从有到好的转变，逐步推进城乡基本公共服务均等化。"党的十九大报告指出："……建立健全城乡融合发展体制机制和政策体系，加快推进农业农村现代化。"这是对我国城乡关系的最彻底调整，必然推动一系列前所未有的政策出台。对此，2017年12月，习近平总书记在中央农村工作会议讲话的重点也放在重塑城乡关系上，指出："近年来，我们在统筹城乡发展方面作出了很大努力，取得了重大进展。但是，城乡要素合理流动机制还存在缺陷，无论是进城还是下乡，渠道还没有完全打通，要素还存在不平等交换。要坚持以工补农、以城带乡，推动形成工农互促、城乡互补、全面融合、共同繁荣的新型工农城乡关系。"这是对我国工农城乡关系的全新定位。

2019年4月15日，《中共中央国务院关于建立健全城乡融合发展体制机制和政策体系的意见》从城乡要素合理配置、城乡基本公共服务普惠共享、城乡基础设施一体化发展、乡村经济多元化发展和农民收入持续增长等五个方面进行了部署，初步形成了比较完善的政策体系。问题在于，我国城乡分割由来已久，如何找到切入点？2020年12月，习近平总书记在中央农村工作会议上的重要讲话中指出："要把县域作为城乡融合发展的重要切入点，推进空间布局、产业发展、基础设施等县域统筹，把城乡关系摆布好处理好，一体设计、一并推进。要强化基础设施和公共事业县乡村统筹，加快形成县乡村功能衔接互补的建管格局，推动公共资源在县域内实现优化配置。"应该说，把县域作为城乡融合的切入点，真正抓住了问题的最关键环节，从而把城乡融合真正落到实处。这个精神体现在2021年中央一号文件和2021年4月十三届全国人大常委会第二十八次会议通过的《乡村振兴促进法》之中，正在推动着一系列"真金白银"政策的出台。

习近平总书记关于完善我国城乡关系、促进城乡融合发展的重要论述，是对马克思主义城乡关系理论的重大发展。为进一步推进乡村振兴战略实施，实现农业农村现代化指明了方向。

（原载《红旗文稿》2022年第9期）

发展乡村特色产业 全面推进乡村振兴

张立畅

吉林财经大学马克思主义学院副院长

习近平总书记指出："发展特色产业是实现乡村振兴的一条重要途径，要着力做好'土特产'文章，以产业振兴促进乡村全面振兴。"这一重要论述为加快发展乡村特色产业指明了科学路径、提供了根本遵循，对于全面推进乡村振兴具有重大的理论和现实意义。我们要认真学习领会习近平总书记这一重要论述精神，以习近平新时代中国特色社会主义思想为指导，弄清楚发展乡村特色产业的内涵，搞明白发展乡村特色产业对全面推进乡村振兴的重要意义，打造全面推进乡村振兴的新引擎。

一、深刻把握乡村特色产业的内涵

准确理解"乡村特色产业"的内涵与核心要义，才能深刻把握发展乡村特色产业在全面推进乡村振兴中的意义。

准确理解乡村特色产业的内涵。乡村要振兴，产业必振兴，而产业振兴必须发展乡村特色产业。2019年国务院印发《关于促进乡村产业振兴的指导意见》指出：乡村产业"根植于县域，以农业农村资源为依托，以农民为主体，以农村一二三产业融合发展为路径"，这是一条惠农富农的产业发展之路。乡村产业包含农产品加工业、乡村特色产业、休闲农业以及乡村新型服务业等多种产业类型,而乡村特色产业作为乡村产业的重要组成部分具有乡村产业的共性。乡村特色产业是在农民农业农村的大阵地中发展起来的,涵盖种养业、食品业和手工业等多种类型,具有促进乡村高质量发展的重要价值。乡村特色产业具有鲜明的特色。乡村特色产业是具有鲜明地域特征和浓厚乡土气息的小众类、多样性产业,它以独特的资源禀赋、乡土特色食品以及乡村特色技艺等为产业发展赋能,具有巨大的发展潜力。

以"土特产"为抓手深刻理解乡村特色产业。习近平总书记高度重视乡村特色产业发展工作,指出:"各地推动产业振兴,要把'土特产'这3个字琢磨透。"因此,在"土特产"上下功夫,抓住理解乡村特色产业的核心要义,才能凝心聚力,在实现产业振兴的基础上全面推进乡村振兴。

"'土'讲的是基于一方水土,开发乡土资源"。立足水土资源,发挥资源禀赋优势。聚焦因地制宜、因时制宜,用好当地的物产资源、自然风光、村落资源,选择合适的产业类型、发展方向,既有别于城市的"洋气",也要沾染农村的"土气",接好农业的"地气",使农民生活有"底气"。开发乡土资源,传承发展乡村文明。农村不仅独具当地饶有特色的自然资源,乡土文化资源同样丰富。乡村特色产业立足当地资源条件的人文价值和现代价值,将"文化"与"产业"相融合,创造性转化和传承好历史文化、风俗习惯、民族风情等,充分开发乡村旅游、农耕体验、文艺品牌等地域特色产业,赓续农耕文明新形态。开发利用水土资源和乡土资源要有新视野。积极开发利用新技术、新手段分析新市场,以市场需求为导向,以开放视野审视地方资源优势,创造乡村特色产品,彰显农村"土"资源的新功能、新生态价值。

"土特产"以"特"字为纲。要把"特"贯穿到发展乡村特色产业的全过程。突出地域特点,因地制宜。要善于结合当地的"土"资源,走差异化特色化的产业发展道路,突出地域特点,"宜粮则粮、宜经则经、宜牧则牧、宜渔则渔、宜林则林"。也就是说,乡村特色产业要立足独有资源和环境,探索和开发自身潜在优势,使乡村特色优势产业成为乡村居民致富增收的增长极。突出产品特色,走差异化道路。打造差异化、高质量的特色产品,突出农村产业特色化优势,突出产品供给"独一份",营销方式"错峰头",品牌才能"擦得亮",市场上才能"立得住"。跳出本地看本地。发展特色产业要有大局观,从更大的视野和空间去认识本地特色、挖掘乡土资源,使特色赋能农村产品。

"土特产"以"产"字为要。习近平总书记指出:"'产'讲的是真正建成产业、形成集群。""产"的基本要求是稳定特色农产品的基本生产,在保证特色农产品高质量的基础上,稳定特色农产品的生产效益,使农民的基本收益得到保障。"产"是真正建成产业。乡村特色产业的建成以乡村特色优势为基础,深度挖掘特色资源、整合多方价值。顺应时代之势，将现代科学技术、管理模式融进产业中去，关注市场动向，全力打造新时代现代化乡村特色产业，并充分发挥其模范引领作用。"产"是延长、拓宽农产品产业链。在特色农产品的加工、存储、运输、销售等环节上多下功夫，提升应急保供能力，预估过程中潜在的风险点以加强防御。"产"是形成产业集群。乡村特色产业在农产品生产有保障、产业建设有引领、产业链条有衔接的基础上，多维发展、多角度拓宽，积极发展第二、三产业，并协调好第一、二、三产业之间的联系，形成具有竞争优势的特色产业集群。

二、深刻把握乡村特色产业促进乡村全面振兴的重大意义

实施乡村振兴战略，旨在按照产业、人才、文化、生态、组织"五个振兴"的总要求，实现乡村全面振兴。习近平总书记指出："产业振兴是乡村振兴的重中之重。"产业兴则乡村兴，产业旺则乡村旺。

发展乡村特色产业有助于促进乡村产业兴旺、打造乡村生态宜居、赓续发展乡村文明、厚植人才根基，以及提升乡村治理效能，谱写乡村振兴新篇章。

有助于乡村产业振兴。习近平总书记强调要"加快构建现

代乡村产业体系",促进共同富裕。产业振兴是乡村振兴的核心要素之一。发展乡村特色产业,有助于激活和丰富乡村产业新业态,加快推进农业农村现代化。首先,发展乡村特色产业有助于整合运用多种元素,丰富乡村产业新业态。如培育林下经济、菌菇种植、养殖,依托乡土文化资源,发展民俗旅游业、本土特色产业等。其次,发展乡村特色产业能够促进产业优化升级,激活乡村产业新业态。如将乡村元素、传统农业与大数据融合,形成健康养老和现代农业等新业态。

有助于乡村人才振兴。功以才成,业由才广。人才是乡村振兴的关键。发展乡村特色产业,有助于建设与农业农村现代化相适应的人才队伍,为乡村人才振兴注入澎湃活力。培育和发展乡村特色产业有利于优化乡村人才培育体系,引进人才、留住人才,形成以"头雁"带动"群雁"齐飞的良好效应,助力乡村产业发展。乡村特色产业的发展有助于营造乡村人才发展环境。乡村特色产业能够美化乡村人居和人文环境,优化乡村公共服务质量,引导乡民素质提升,以多种类、多场景的人才服务环境,吸引人才扎根乡村,为乡村人才发展提供坚实的保障和平台。

有助于乡村文化振兴。乡村文化振兴是乡村振兴的重要内容。发展乡村特色产业有助于赓续发展乡村文化,促进乡村文化振兴。乡村特色产业的发展能够促进乡村优秀传统文化的创造性转化和创新性发展。乡村特色产业蕴含的历史文化传统、风俗习惯、农耕故事等是重要的文化资源,对这些要素进行整合重构,并赋予其新的表达方式,能够促进乡土文化创造性转化,创新性赓续发展乡村文化。乡村特色产业的发展能够为乡村文化发展创新提供物质基础和活跃氛围,使乡村文化呈现繁荣发展的蓬勃气象。发展乡村特色产业有助于形成良好的社会风尚,促进乡村文明发展。乡土文化资源所蕴含的文化理论、原则和方法,具有深刻的教育价值和精神文明建设价值。

有助于乡村生态振兴。推行绿色发展,促进生产生态生活协调发展是实施乡村振兴战略的重要任务之一。发展乡村特色产业有助于践行"绿水青山就是金山银山"理念,打造生态宜居的美丽乡村,推动乡村生态振兴。发展乡村特色产业有助于资源节约和环境保护。乡村特色产业拥有特色的资源禀赋和比较优势,对这些丰富的生态资源和文化资源的合理利用和开发,能够有效地减少资源浪费和环境破坏。发展乡村特色产业有助于形成绿色的生产生活方式,促进乡村生态良性循环,打造人与自然和谐共生的生态家园。发展乡村特色产业能够促进生态产品价值转换,释放出巨大的经济价值,为乡村生态保护和建设创造良好条件。

有助于乡村组织振兴。提高乡村善治水平是提升社会治理效能的必然要求。发展乡村特色产业有助于优化乡村治理组织结构,提升乡村治理效能。在带动和促进村集体经济的发展,增强乡村经济整体实力的同时,为农村基层党组织建设提供良好的经济基础与支撑。乡村特色产业的发展有助于巩固乡村治理的重要基础，健全乡村治理机制。一方面，乡村特色产业的发展使老百姓的日子越过越红火，有效提升了广大农民的获得感、幸福感。另一方面，乡村特色产业的发展有助于调动农村基层干部和广大农民群众的积极性和创造性，逐步健全乡村治理机制。

三、以乡村特色产业高质量发展推进乡村振兴

若想做大做强乡村特色产业，使乡村特色产品在市场上具有生机和活力，为全面推进乡村振兴提供坚实产业支撑，就需要重视发展乡村特色产业，以具体的举措激活乡村特色产业，这离不开特色品牌产品的打造、产业链的拓展以及产业集群的赋能。

打造特色品牌，形成核心竞争力。乡村特色产业发展离不开特色品牌的打造，要把重点产业做强做大，形成品牌效应，使乡村特色产品具备强有力的核心竞争力，以强劲的势头促进乡村全面振兴。打造自己的特色品牌，提高产品竞争力。习近平总书记指出："要做好品牌、提升品质，延长产业链，增强产业市场竞争力和综合效益，带动更多乡亲共同致富。"品牌产品重在同其他产品的差异性，这种差异性可以减轻同其他产品的同质化竞争压力，继而形成独特的品牌价值，促进整个产业的发展

兴旺。在重点产业的引领下，一批批特色品牌逐渐建立起来，在市场上焕发生机和活力，五常大米、烟台苹果、阳澄湖大闸蟹等一系列的品牌产品为农民创收提供支持。要始终坚持对于品牌产品的打造，发展农村特色产业，助力全面推进乡村振兴。大力推进农产品品牌建设，对提高农民收入和实施乡村振兴战略具有重要意义。要不断加强对于优质农产品品牌的塑造，促进农业特色产业的发展，为乡村振兴提供动力。

拓展农业产业链，促进特色产业可持续发展。习近平总书记在海南考察时强调"要深入推进农业供给侧结构性改革，加强农业全产业链建设"。促进农业特色产业高质量发展，要重视农业产业链建设，补齐农业产业链短板，积极促进产业链的拓展和延伸，为特色产业可持续发展提供保障。健全产业链，促进产业兴旺发展。《农业农村部关于落实党中央国务院2023年全面推进乡村振兴重点工作部署的实施意见》指出："建立完善工作推进体系，加快农业全链条升级。"农业产业涉及各个环节，环节与环节之间需要密切协作配合，产业链若未完全打通，那么会导致各个环节各自为战，产生断链的现象，农产品价值难以保证，特色产业难以持续发展。因此，只有培育创新能力强、发展后劲足的全产业链条，才能保证特色产业可持续发展，为乡村全面振兴提供更加坚实的支撑。健全农业产业链进而促进特色产业可持续发展是当下要着力解决的问题。一方面，健全农业产业链要保证各个环节有序进行、有效衔接、协同发展。将新兴科技融合进产业链各个环节中去，推动农业产业链的现代化，充分发挥不同环节的有机整体作用。另一方面，要补齐农业产业链的短板，打造开放式产业格局，延伸产业链，发挥产业链条的优势作用。推动农业从资源型向内涵型，从产量型向质量型的发展方式转变，强化农业产业链条的人才支撑、技术支撑、资金支撑，提高产业竞争力。

做优产业集群，平台载体赋能全面振兴。习近平总书记一直高度重视发展乡村产业，强调"产业兴旺，是解决农村一切问题的前提"。促进乡村特色产业高质量发展，打造乡村全面振兴"新引擎"，要抓住特色产业之优势，因地制宜，围绕特色产业形成产业集群，紧扣各个环节，扩大产业规模。聚焦特色优势产业。充分发挥特色产业的示范作用，培育出一批品牌化的支柱型产业。以支柱型特色产业为引领，挖掘乡村多元价值，进而做优产业集群、做优平台载体。发挥产业合力。要充分发挥好第一产业的基础支撑作用，将现代新兴科技融入农产品培育种植中去，提高综合生产能力。要协调好第二、三产业与第一产业之间的联通。因地制宜，深入挖掘、利用资源，破除产业壁垒，推动第一、二、三产业的融合发展。充分发挥有机统一的集群整体的合力作用，形成具有竞争优势的特色产业集群、国家现代农业产业园、农业产业强镇。

(原载《红旗文稿》2023年第22期)

"三农"工作重心的历史性转移

成长春

江苏省中国特色社会主义理论体系研究中心南通大学基地主任、江苏长江经济带研究院院长、江苏乡村振兴智库研究院首任院长民族要复兴，乡村必振兴。脱贫攻坚取得决定性胜利后，要全面实施乡村振兴战略，这是"三农"工作重心的历史性转移。习近平总书记在2023年12月召开的中央农村工作会议上强调，要"锚定建设农业强国目标，把推进乡村全面振兴作为新时代新征程'三农'工作的总抓手"。从全面推进乡村振兴到推进乡村全面振兴，说明我国"三农"工作进入了新阶段。推进乡村全面振兴，加快农业农村现代化，事关中华民族伟大复兴战略全局。要确保不发生规模性返贫，持续巩固拓展脱贫攻坚成果同乡村振兴有机衔接，工作不留空档，政策不留空白。稳定农业基本盘，筑牢"三农"压舱石，对于构建新发展格局，全面建设社会主义现代化国家，意义重大而深远。

一、"三农"工作构成全面建设社会主义现代化国家不可或缺的组成部分

农业农村农民问题是关系国计民生的根本性问题。"三农"工作映现党的初心使命。习近平总书记强调："推进中国式现代化，必须坚持不懈夯实农业基础，推进乡村全面振兴。"我们党自成立以来，始终把农民、农村、农业问题摆在十分重要

的位置，坚持在不同历史时期，不同历史阶段都赋予其不同的内涵。

"三农"工作开启了我们认识党、国家、民族的大历史视窗。回顾中国革命、建设和改革不同历史时期，我们党始终把农民问题作为中国革命的基本问题，把为广大农民谋幸福作为重要使命，突出解放农民和实现农民共同富裕，提出中国农业现代化的目标，领导农民率先拉开改革大幕，发展农业、富裕农民、繁荣农村，实现传统农业向现代农业的历史性转变。不断解放和发展农村社会生产力，推动农业农村发展。特别是"党的十八大以来，党中央坚持把解决好'三农'问题作为全党工作的重中之重，把脱贫攻坚作为全面建成小康社会的标志性工程，组织推进人类历史上规模空前、力度最大、惠及人口最多的脱贫攻坚战，启动实施乡村振兴战略，推动农业农村取得历史性成就、发生历史性变革。"实践已经并仍将证明，我们党在历史紧要关头，对"三农"工作重心都要进行历史性的谋划和顶层设计。脱贫攻坚的历史性任务完成后，"三农"工作迎来难得的发展机遇，我们完全有能力有条件实施乡村振兴，推动"三农"工作驶入全面建设社会主义现代化国家快车道。

"三农"工作重心转移，手段在于推进乡村全面振兴，目的在于实现农业农村现代化。农业农村现代化是国家现代化的重要组成部分和重要标志。全面建设社会主义现代化国家，大头重头在"三农"，基础和潜力也在"三农"。主要发达国家推进现代化的实践告诉我们,如何遵循现代化进程中城的比重上升、乡的比重下降这一客观规律,在推进工业化和城镇化的同时,基本消除工农、城乡差距,实现农业农村现代化,对于规避"中等收入陷阱",克服"一边是繁荣的城市,一边是凋敝的农村"现象,具有重要参考价值。推动农业全面升级、农村全面进步、农民全面发展,推进乡村全面振兴,加快推进农业农村现代化步伐是历史必然和现实选择。由此开启了"三农"工作新一轮质的飞跃和量的积累变化的历史新进程。

"三农"工作重心转移,根基在于持久把牢农业这一关系国计民生的基础产业。农为邦本、本固邦宁。"十三五"时期,我国现代农业发展取得骄人业绩。全国粮食生产实现十七连丰,全国人均粮食占有量超过世界平均水平,人均水果、蔬菜、水产品、禽蛋产量跃居世界前列,我国用不到全球10%的耕地,养活了全球18%的人口。农业综合生产能力有了新提升,农业发展方式转变取得新成效,适度规模经营实现新发展,农民收入实现新突破,提前一年实现比2010年翻一番的目标。14亿多中国人的饭碗牢牢端在自己手中,为全面建成小康社会提供了基础支撑,实现了从温饱不足到丰衣足食,从绝对贫困到全面小康的历史性跨越。

"三农"工作重心转移,当务之急在于抓重点、补短板、强弱项,特别是提高农业质量效益和竞争力。当前,我国城乡发展不平衡不协调矛盾依然突出,农业农村现代化仍然是"四化同步"的短板。我国农业物质技术基础总体上依然薄弱，中低等耕地占比超过七成，农业科技贡献率显著低于农业发达国家，经营规模小，组织化程度较低，农业竞争力不强，农业资源环境压力较大，耕地退化和污染问题突出，城乡差距明显，2022年城乡居民收入比高达2.45:1。必须清醒认识到，农业的主要矛盾已由总量不足转变为结构性矛盾，大而不强、多而不优、基础不牢，严重制约农业农村现代化的步伐，必须推动农业从增产导向转向提质导向，实现高质量和乡村全面振兴，从而实现"三农"工作重心的历史性转移。

二、"三农"工作重心转移的关节点在于巩固拓展脱贫攻坚成果同乡村振兴的有效衔接

脱贫攻坚是乡村振兴的重要前提和优先任务。没有脱贫攻坚成果的巩固拓展，乡村全面振兴就失去了基础，也就无从谈起。推动脱贫地区乡村振兴，实现脱贫攻坚同乡村振兴有效衔接。在全面小康基础之上走向共同富裕，就必须严守防线、明确重点、激发内生动力、提供政策保障。

一是守住返贫致贫防线。巩固"两不愁三保障"的脱贫成果，确保脱贫人口不返贫、不新增贫困人口。对各类贫困户脱贫要做精准分析，如脱贫基础比较脆弱的、靠短期扶贫措施脱贫的、政策兜底脱贫的、刚过贫困线仍处于边缘的，虽然实现了"两

不愁三保障",但返贫风险仍较大的。再比如,家底薄、抗风险弱的略高于贫困线的"边缘户",一旦生产生活中遇到困难和问题,容易再次返贫。产业扶贫项目自主稳定发展能力偏弱,离开外部帮扶将影响产业带动成效。易地扶贫搬迁户的稳得住、能致富还有许多工作空间。因此,健全防止返贫动态监测和帮扶机制,对已脱贫的群体要"扶上马,送一程,"在一定期限内"摘帽不摘责任、摘帽不摘政策、摘帽不摘帮扶、摘帽不摘监管"。采取有效的金融帮扶政策、教育帮扶政策、兜底保障政策等,确保脱贫攻坚成果巩固住、拓展好。

二是明确消除相对贫困的工作重点。经济社会发展的客观规律决定了相对贫困现象将长期存在。在全面脱贫攻坚取得决定性胜利后,相对贫困将成为我国未来反贫困的工作重点。近年来,建档立卡贫困户在脱贫攻坚政策扶持下,实现了脱贫目标。但一些收入略高于贫困人口的农村低收入人口增收缓慢,将成为乡村振兴战略实施中的突出问题。国家统计局调查数据显示,我国农村居民收入按五等份分组,低收入组与高收入组人均可支配收入比由2000年的1∶6.5扩大到2021年的1∶8.9。农村低收入人口增收难,农村内部收入分配差距拉大,与推动乡村全面振兴方向相悖。必须帮扶低收入人口缩小同其他群体的发展差距,切实解决农村低收入人口的发展增收和民生困难问题,帮助其创造更有保障、更加宽裕的美好生活,使全面实施乡村振兴战略真正落地生效。

三是激发内生动力。贫困地区脱贫摘帽以后，许多地区由于自然条件恶劣、基础设施条件比较差、公共服务短板突出、社会发展滞后、农民收入水平较低等较为集中的问题，尤其是一些欠发达地区的整体水平依然较低，仍然需要中央和发达地区的帮扶支持才能实现自我发展和主动发展。要坚持和完善东西部扶贫协作和对口支援、社会力量参与帮扶等机制。激发贫困地区的内生动力，集中支持西部地区建设一批乡村振兴重点帮扶县，不断增强其自身脱贫能力和自我发展能力。

四是提供政策和机制保障。脱贫攻坚和乡村振兴的目标都是让广大农村居民过上好日子，实现共同富裕。因而在政策和体制衔接上也要注意有效性。2024年中央一号文件指出，要"确保不发生规模性返贫"，"落实防止返贫监测帮扶机制"，"研究推动防止返贫帮扶政策和农村低收入人口常态化帮扶政策衔接并轨"，"持续加强产业和就业帮扶"，"推动产业提质增效、可持续发展"。从政策实施内容来看，要从财政、金融、土地、人才等方面同步施策，发展壮大脱贫地区特色优势产业，提升相关人群就业能力，同时在具体措施中，要实现巩固拓展脱贫攻坚成果的具体政策措施和乡村振兴的战略规划无缝对接，借以实现反贫困和乡村振兴的统一目标。

三、以更有力的举措、汇聚更强大的力量推进乡村全面振兴

2024年2月3日,《中共中央 国务院关于学习运用"千村示范、万村整治"工程经验有力有效推进乡村全面振兴的意见》发布,这是党的十八大以来第12个指导"三农"工作的中央一号文件。习近平总书记指出:"有力有效推进乡村全面振兴,以加快农业农村现代化更好推进中国式现代化建设。"从2024年开始,乡村全面振兴进入提能力、上水平的新阶段,要学习运用"千万工程"蕴含的发展理念、工作方法和推进机制,有力有效推进乡村全面振兴。坚持用"产业兴旺"替代"生产发展",用"生态宜居"替代"村容整洁",用"治理有效"替代"管理民主",用"生活富裕"替代"生活宽裕",赋予"乡风文明"新的内涵,推进乡村全面振兴不断取得实质性进展、阶段性成果。

首先,从深度上看,必须破解"三农"领域最突出的城乡之间不平衡和东中西部农村之间不平衡问题。城乡之间的经济发展、居民收入水平、公共事业的差距较大,而区域之间的差距则更大。因此,在乡村振兴中,要坚持城乡融合发展,推动新型工业化、信息化、城镇化、农业现代化同步发展,加快形成工农互促、城乡互补、全面融合、共同繁荣的新型工农城乡关系。

其次,从广度上看,要打造社会主义新农村建设的升级版。

巩固脱贫攻坚成果，实施乡村振兴战略，推进乡村经济快速发展，推动乡村社会治理和生态环境全面进步，提高广大农民的综合素质，是在脱贫攻坚目标要求基础上的拓展，比"两不愁三保障"目标涵盖的范围、领域要更为广阔。

再次，从难度上看，要补齐乡村振兴和新发展阶段"三农"工作的短板。在农业农村现代化乃至整个社会主义现代化建设的大局中，整体把握已脱贫的原贫困地区，尤其中西部的部分困难地区是真正意义上的"重中之重""难中之难"。在全面小康进程中，关键措施是补脱贫这一短板，而在全面建设社会主义现代化进程中，难度愈发增大。

推动"三农"工作重心的历史性转移，要按照"产业兴旺、生态宜居、乡风文明、治理有效、生活富裕"的总要求，在"全面振兴"上做文章，瞄准农业农村现代化目标，实现乡村全面振兴。

一要打牢"产业兴旺"的物质基石。乡村振兴的活力在于产业兴旺，没有强大的经济支撑，乡村振兴则无法实现。因此，加快构建现代农业产业体系、生产体系和经营体系，大力推进乡村产业振兴，培育乡村发展新功能，加快实现由农业大国向农业强国的转变。深入实施藏粮于地战略，抓好粮食和重要农产品生产，确保国家粮食安全。制定实施质量兴农战略，调整优化农业生产力布局，建立健全利益联结机制，让农民更多分享产业增值收益、延长产业链、提升价值链、完善利益链，构建农村一二三产业融合发展体系。

二要提供"生态宜居"的空间保证。良好生态环境是农村最大优势和宝贵财富。农村生态宜居是广大农民对美好生活的民生需求，推动乡村自然资本加快增值，必须统筹山水林田湖草沙系统治理，实施重要生态系统保护和修复工程，健全水生态保护修复制度，加快乡村生态振兴步伐。持续打好农业农村污染治理攻坚战，一体化推进乡村生态保护修复。加强农业面源污染防治，开展农业绿色发展行动。综合治理农村污水、垃圾、空气污染、噪声等突出环境问题，加强农村水环境治理和农村饮用水水源保护。推进重金属污染耕地防控和修复，实施流域环境和近岸海域综合治理。推进水系连通、水源涵养、水土保持，复苏河湖生态环境，强化地下水超采治理。增强农业生态产品和服务供给，将农村生态优势转为经济发展优势，建设生态宜居美丽乡村。

三要塑造"乡风文明"的精神风貌。加强农村社会主义精神文明建设，是推进乡村全面振兴的重要思想基础。推动农耕文明和现代文明要素有机结合，书写中华民族现代文明的乡村篇。要大力弘扬和践行社会主义核心价值观，推进农村移风易俗，推动形成文明乡风、良好家风、淳朴民风。加强乡村优秀传统文化保护传承和创新发展。坚持教育引导、实践养成、制度保障，在保护传承基础上，创造性转化、创新性发展，传承发展提升农村优势传统文化。健全乡村公共文化服务体系，提高农民科学文化素养，加强农村思想道德建设，提升农民精气风貌，促进农民全面发展。

四要实现"治理有效"的综合效能。推进抓党建促乡村振兴，建好建强农村基层党组织，全面提升乡镇领导班子抓乡村振兴能力；推动城乡融合发展，健全城乡融合发展体制机制；夯实基层基础，健全现代农村社会治理体制；加强和改进乡村治理，扎实推进抓党建、促振兴，突出政治功能，提升组织力，加快构建党组织领导的乡村治理体系，发挥农村群众自治组织作用，增强法治意识，强化法律权威，提升乡村德治水平，建设平安乡村。

五要锁定"生活富裕"的高质量目标。推动美丽乡村建设，提高农村民生保障水平，健全覆盖城乡的公共就业服务体系，提高就业质量，促进农村劳动力转移就业。实施农民增收促进行动，持续壮大乡村富民产业，增加农民财产性收入。推动农村基础设施提档升级，实施数字乡村战略，深化农村公共基础设施管护体制改革，加强农村社会保障体系建设，推进健康乡村建设。持续改善农村人居环境，打造宜居宜业的美丽乡村。不断提高城乡基本公共服务均等化水平，增强乡村居民的获得感、幸福感、安全感。

（原载《红旗文稿》2021年第5期）

探索乡村文旅深度融合发展路径

李建军

贵州大学贵州基层社会治理创新高端智库首席专家、教授乡村全面振兴，产业振兴是关键。2023年12月召开的中央农村工作会议强调："……精准务实培育乡村产业，完善联农带农机制，实施农民增收促进行动。"推动乡村文旅融合，是促进乡村全面振兴的有力抓手和有效途径。新时代新征程，要推动优秀乡土文化创造性转化、创新性发展，促进乡村文旅深度融合发展，赋能乡村全面振兴。

保持乡村文化原真性，激发文旅深度融合发展新活力。以农耕文化为主要代表的乡村文化，是中华传统文化的重要组成部分，也是重要的乡村旅游资源。传统村落、乡村文物古迹、乡村非物质文化遗产等承载着乡村文化，是发展乡村旅游的重要依托。无论怎样创新乡村旅游发展模式，如何设计乡村旅游体验项目，乡村优秀传统文化都应当是不变的根和魂。根深方能叶茂，只有深入挖掘、保护、传承和发展乡村文化，才能使乡村旅游发展欣欣向荣。在乡村旅游发展中，要保持乡村文化的原真性，深入挖掘优秀传统文化蕴含的思想观念、人文精神、道德规范，充分展现乡村独特的文化魅力，激发文旅融合的新动能，不断提升乡村文化的品格品位，持续增加乡村旅游吸引力、竞争力。用舒适惬意的乡村自然景观打动游客，用不可复制的历史和文化留住游客。尤其是被列入中国传统村落名录的乡村，必须在"保护优先"与"创新活化"之间寻求平衡。

创新乡村文旅产品，打造文旅融合发展新引擎。随着乡村旅游的发展，单一的产品形态和旅游模式已无法满足游客多元化、个性化的需求。文旅新产品、新业态、新场景，将提供更多符合游客需求的优质产品和服务，为游客带来有深度、有广度的文旅融合体验。要在创新体验式文旅产品上下功夫。各地可依据乡村资源禀赋，策划组织乡村文化体验活动，增强乡村文化的影响力和吸引力，满足游客深入了解乡村优秀传统文化的需求。要在创新互动式文旅产品上下功夫。有条件的地方，可组织民间艺术表演、传统节庆活动、群众性文体活动等文化互动活动，用传统民俗拉动乡村旅游，让游客与当地居民进行深度互动，从中获得更真实、更有深度的文旅体验。要在个性化文旅服务上下功夫。深挖地方生态、文化资源，按照个人需求打造个性化的旅游服务，为游客量身定制行程、推荐当地特色活动和美食等。以更加丰富、有深度、有特色的乡村文旅体验，满足游客多元化、个性化需求，促进乡村文旅深度融合。

构建全域文旅发展格局，谱写文旅深度融合发展新篇章。全域文旅更强调文化与旅游发展的系统性、整体性、协同性，重视文旅资源的整合优化以及文化旅游业与其他产业的融合互动。推动乡村文旅深度融合发展，需引入全域文旅理念，推进全域统筹规划、全域合理布局、全域服务提升、全域系统营销。一是加强乡村文旅资源的整合优化，有效利用已有资源并深入挖掘潜在资源，构建系统、完整的乡村文旅产品链。二是推动农业、文化、旅游等产业有机结合，发展特色民宿、农家乐、牧家乐、种植采摘等；充分开发利用森林河谷、山间坝子、峡谷溶洞、激流飞瀑、地热温泉等自然地貌，发展乡村康养旅游。三是探索系统化、多层次、多领域的乡村文旅融合发展模式，明确乡村文旅融合发展的定位、目标、策略、路径等，确保乡村文旅深度融合有序推进。

引导全社会广泛参与，营造文旅融合发展共创共享氛围。乡村文旅深度融合，离不开社会各界共同参与，要推动形成多方参与、共创共享的发展格局。一方面，最大限度调动广大人民群众参与乡村文旅融合发展的积极性、主动性。人民群众是推动乡村文旅融合发展的主体，是实现乡村振兴的力量源泉。引导群众参与文旅产品和项目设计开发、旅游服务、营销管理等，充分激发群众的内生发展动力，发挥其主动性与创造力，确保乡村文旅发展红利惠及村民。另一方面，充分发挥政府与企业作用。政府可通过政策支持、资金扶持、基础设施建设、宣传推介等方式为乡村文旅深度融合发展创造良好环境，企业可通过投资、技术支持、市场推广等方式为乡村文旅深度融合发展提供支持。

抢抓数字化发展新机遇，打造文旅融合发展特色IP。5G、物联网、大数据、云计算、人工智能等新兴技术的广泛运用，为乡村文旅深度融合发展带来了无限可能。一是要抓住互联网发展红利，加强乡村文旅宣传推广，拓宽传播渠道和方式，着力打造乡村文旅融合发展特色IP。针对一些体验性强的特色乡村文旅产品项目，要在探索"流量密码"上下功夫，加大线上线下宣传力度，以新颖的展现形式推动"破圈"传播。二是要抓住数字乡村建设机遇，大力推进农村信息基础设施建设，提升广大农民数字素养和数字技能，不断优化乡村数字发展环境，以数字技术赋能文旅融合管理、服务、运营等各环节。三是要抓住产业数字化发展机遇，加强乡村文旅融合发展研究，揭示乡村文化旅游发展的内在逻辑和客观规律，全面把握乡村文旅深度融合发展趋势，进一步探寻乡村文化旅游业数字化转型路径，加快乡村优秀传统文化和旅游资源的数字化转化和开发，努力打造更加智慧、更加高效的乡村文旅融合发展模式。

（原载《经济日报》2024年2月22日第10版）